# 民事医患纠纷解决机制研究

赵信会　季　猛　黄利群　著

中国人民公安大学出版社
·北　京·

**图书在版编目（CIP）数据**

民事医患纠纷解决机制研究 / 赵信会，季猛，黄利群著. — 北京：中国人民公安大学出版社，2015.12

ISBN 978-7-5653-2447-5

Ⅰ.①民… Ⅱ.①赵… ②季… ③黄… Ⅲ.①医疗纠纷—处理—研究—中国 Ⅳ.①D922.164

中国版本图书馆CIP数据核字（2015）第263732号

**民事医患纠纷解决机制研究**

赵信会　季　猛　黄利群　著

出版发行：中国人民公安大学出版社
地　　址：北京市西城区木樨地南里
邮政编码：100038
印　　刷：北京兴华昌盛印刷有限公司

版　　次：2015年11月第1版
印　　次：2015年11月第1次
印　　张：11.75
开　　本：787毫米×1092毫米　1/16
字　　数：180千字

书　　号：ISBN 978-7-5653-2447-5
定　　价：40.00元

网　　址：www.cppsup.com.cn　　www.porclub.com.cn
电子邮箱：zbs@cppsup.com　　zbs@cppsu.edu.cn

营销中心电话：010-83903254
读者服务部电话（门市）：010-83903257
警官读者俱乐部电话（网购、邮购）：010-83903253
综合分社电话：010-83903259

# 目录

## CONTENTS

# 绪 论

据卫生部对350家医院的统计数据显示，因医疗纠纷引发的冲击医院、干扰医疗秩序的事件逐年上升，2006年为10248件，2009年上升为16448件，2010年则升至17243件。中国医师协会2008年的一份《医患关系调研报告》显示，全国每家医院年平均发生医疗纠纷66起；发生打砸医院事件5.42起，打伤医师5人；单起医疗纠纷最高赔付额达300万元，平均每起赔付额为10.81万元。国家卫计委发布的消息称，2012年全国共发生恶性伤医案件11起，造成35人伤亡，其中死亡7人，受伤28人（患者及陪护人员11名、医护人员16名、保安1名），涉及北京、黑龙江等8省、市。根据媒体报道，仅2013年10月就发生了5起。恶性医疗纠纷现象已严重干扰医疗机构正常的医疗秩序，对社会造成恶劣影响，也成为影响和谐稳定的重大社会问题之一。出现这种社会问题的原因是多方面的，可以说是系统原因共同导致的结果，这其中有宏观因素，也有微观因素；有法律制度方面的原因，也有社会公共管理方面的原因。不过，应当说医患纠纷解决机制方面的问题是导致医患关系紧张，进而影响社会和谐的重要因素，有学者认为简洁地概括为导致医患关系紧张的元凶即医患纠纷解决途径不畅。“不能和解，不愿调解，又不去诉讼，是疑难医疗纠纷案件的现实写照。这类纠纷由于缺乏及时、有效的解决，在长时间拖延中，冲突各方的负面感情日积月累，最终导致矛盾激化，转化为情绪的表达。”[1] 这种不畅的纠纷解决途径既体现了医患纠纷的替代性解决机制建构上的盲目性，此盲目性表现为替代性纠纷解决机制的建构缺乏基本的理论指导，并因之使替代性纠纷解决机制的运行缺乏长期性、可持续性；同时还表现在具体的诉讼制度中，还没有形成针

[1] 侯怀霞：《医患纠纷的“多发”与“激化”原因二元论》，载《苏州大学学报》（哲学社会科学版）2015年第2期，第48页。

对医患纠纷解决特点的民事诉讼制度。应当说民事诉讼制度针对所有的民事纠纷，体现出其较强的包容性和广泛的可适用性。民事诉讼制度必须与民事实体法结合起来，具体地说，不同的民事实体纠纷可能需要与之相对应的不同的诉讼机制，而在此点上，理论和实践中还存在比较多的分歧，并因之影响科学的医患纠纷民事诉讼制度的形成。本书是山东省法学会“和谐医患关系实现的法治化路径研究”重点课题的成果。本书的内容包括以下几个部分：

第一章为我国医患纠纷的现状及成因分析。本章中，我们将我国医患纠纷的现状概括为：其一，医患纠纷的数量多、范围广，从而使医疗纠纷具有较大的普遍性。在分析各种资料的基础上，我们认为医患纠纷已经成为我国的一个普遍的社会问题，其涉及我国各地各级医院，具有广泛性、普遍性的特征。其二，医患双方的差距大、分歧深。医患纠纷多涉及患者的生命健康，对患者及其亲属的影响非常大，患者及其近亲属对之高度重视，并希望通过医患纠纷的解决来实现精神慰藉。同时，患者及其亲属提出的诉讼请求，也往往与医疗机构认可的诉讼请求有较大差距。其三，在纠纷解决方式的选择上，多选择非理性的纠纷解决方式。与其他国家不同的是，我国的医患纠纷很少被纳入正式的纠纷解决途径中来，患者及其亲属更希望通过非理性的方式实现其诉求，这样“医闹”就成了中国特有的社会现象或者社会职业。其四，医患纠纷解决程序复杂。医患纠纷民事诉讼多涉及专业问题，在诉讼中必须进行鉴定，同时当事人双方和解的可能性也比较小，法院以判决形式结案的比较多。对于我国医患纠纷解决的现状之成因，我们概括为以下几个方面：第一，医疗机构及其医护人员的价值定位出现了偏差。医疗机构及其医护人员可能在一定程度上偏离了其公共服务职能，而偏重经济收益或者营利性之目标。第二，缺乏科学的分类诊疗机制。这导致大量的病患集中到较高级别的医疗机构，病患处理时投入不足，并因之为医患纠纷埋下隐患。第三，医患双方之间缺乏通畅的、对等的信息交流机制。双方不仅存在知识上和信息上的严重不均衡，而且也缺乏理性交流信息的客观环境。第四，缺乏针对医患纠纷的多元化的纠纷解决机制。尽管各地进行了积极探索，但必须说人民调解、仲裁对医患纠纷均具有不可适用性。第五，民事诉讼制度中还存在诸多影响解决医患纠纷的因素。

第二章为替代性医患纠纷解决机制的建立。本章系统介绍了替代性医患纠纷解决机制的特点及其被重视的时代原因。在此基础上，本章又系统地介绍了作为英美法系国家代表的美国的医患纠纷替代性解决机制，分别介绍了其仲裁、模拟审判程序；其后详细介绍了作为大陆法系国家和地区之代表的日本的医患纠纷替代性解决机制，并将之划分为两个发展阶段：第一个阶段是通过建立医疗过失责任保险制度的方法，实现医患纠纷的即时解决、迅速解决，保障患者能够得到及时的赔付；第二个阶段是现代ADR在医患纠纷解决中的广泛应用，其特点表现为适用面广、ADR类型繁多以及重视纠纷前的预防。本章进一步研究分析了我国在医患纠纷替代性解决机制方面的探索，在积极肯定这些探索的基础上，笔者认为，实践中替代性医患纠纷解决机制的探索还有许多问题没有解决，这包括替代性纠纷解决机制的正当性问题、替代性纠纷解决机制的运行经费问题、纠纷处理结果的法律效力问题等。从比较法和实证研究的角度来看，本章最后对我国医患纠纷替代性积极机制建构或者完善的过程中应注意的问题进行了系统梳理。要解决医患纠纷替代性解决机制的正当性问题及处理结果的法律效力问题，应重新界定替代性纠纷解决机制的正当性，并以当事人之间的合意作为正当性基础；为解决替代性纠纷解决机制的运行经费问题，应当采取与民事诉讼、仲裁一样的方式，以有偿的方法为当事人提供医患纠纷解决之服务；同时借鉴日本的经验，应侧重纠纷前的预防工作。

第三章为医患纠纷中的医疗鉴定制度及其改革。本章包括以下几个方面的内容：首先，医疗鉴定制度存在的问题。在此部分重点分析了医疗鉴定制度双轨制下不同鉴定机制的不同鉴定内容，以及双轨制的医疗鉴定机制所带来的冲突。这包括同案不同判的情况以及医患双方就医疗行为的定性存在分歧时导致的案件处理上的困境。其次，进一步分析了医疗鉴定双轨制存在的原因，并将其概括为以下两个方面：一是对司法鉴定的科学规律缺乏科学的认识。我国长期以来将医疗事故鉴定作为行政管理的手段，而不是作为解决医患纠纷中专门问题的道具。二是违背民事诉讼的基本规律。按照民事诉讼的基本规律，医患纠纷中重点应当解决患者是否有损失、损失数额、医疗机构有无过错、医疗机构的过错与患者损害之间有无因果关系等，而不是判定其是否构成了医疗事故、何等级的医疗事故等。最后，进一步研究了医疗鉴定制度改革的建议。主张改双轨制的医疗鉴定机制为单一制的医疗鉴定制度，同时为实现此种单一制的医疗鉴定制度，必须对之进行配套制度的改革或者设计。这包括统一赔偿机制以及针对医疗事故的、独立的行政处理机制。

第四章为医患纠纷中的举证责任分配制度及其改革。本章包括以下几个方面的内容：首先，医患纠纷举证责任分配制度的沿革及其相应医患纠纷情况。新中国医患纠纷中的举证责任分配制度经历了三个阶段：第一个阶段即《证据规定》实施前的患者承担较大举证责任的阶段，在该阶段中，患者承担全部要件事实的举证责任。不过此阶段医患纠纷的数量并不多，医患关系还未出现恶化。第二个阶段即医疗机构就不存在过错以及不存在因果关系承担举证责任的阶段，其以《证据规定》的实施为标志，以采用过错推定原则为基本内容。尽管《证据规定》实施以后，医患纠纷中患者胜诉的概率增加了，患者及其家属的合法权利更加容易得到司法保护，但此时的医患关系开始出现紧张，医患之间的暴力冲突不断发生，医患关系已经成为一个重要的社会问题。第三个阶段是《侵权责任法》实施以后的以过错为主、以推定过错为补充的时期。在此时期的一般医患纠纷案件中患者及其家属都承担比较大的举证责任，医患案件中患者胜诉的可能性较小。为此，医患冲突、紧张进一步加剧。其次，医患纠纷举证制度的域外考察。英美法系国家和地区对之采取事实自证原则，按之，出现严重后果这样的事实本身就能够证明造成该后果的行为具有过失，从而不再需要采取其他的相关证据进行证明。在德国，则采用“表见证明”理论处理医患纠纷中的举证问题，表见证明是指法院依据一般生活经验法则对一再重复出现的典型事项，借助一定的客观存在的事实推断某一具体待证事实的证据制度。一般认为在证据提出及其评价过程中，表见证明是利用一般生活经验法则验证典型性事件并影响证据提出的制度。日本采用大致的推定原则，处理类似的问题。它是指在侵权损害纠纷中，如依据一般情况就可以判断“不是因为过失，损害就不会发生”，且原告能够证明损害事实的发生，就可大概地推定被告存在过失，这样被推定过失的被告必须就其无过失提出相应的反证，否则将可能承担败诉的结果。最后，医患纠纷民事诉讼举证制度的改革。尽管英美法系与大陆法系国家和地区均采用以主观的举证责任、行为的举证责任作为制度建构的支点，不过课题组仍然认为考虑到我国的基本情况，我国仍然应以客观的举证责任作为制度改革的出发点，并采取举证责任倒置制度。

第五章为医患纠纷中的证明妨碍制度。本章包括以下内容：首先，我国医疗纠纷中证明妨碍之特殊性研究。医疗纠纷诉讼证据及举证责任分配具有特殊性，医疗纠纷中证明妨碍有其自身的特点等。其次，证明妨碍制度的一般理论。证明妨碍制度的一般机理包括证据裁判主义、证据收集中的当事人主义以及民事纠纷中可能出现的证据偏在情形等；民事证明妨碍的法理则表现为民事诉讼中的诚实信用原则，民事证明妨碍的条件主要包括主体条件、主观条件、证据保存义务、证明妨碍行为等。最后，我国医疗纠纷证明妨碍制度建构的途径。

# 第一章　我国医患纠纷的现状及成因分析

## 第一节　我国目前医患纠纷及其现状

关于我国目前民事医患纠纷及其解决情况的媒体报道非常多，而且情况非常惨烈，纠纷解决也难以实现法律效果与社会效果的双满意。这些报道有些涉及医护人员的人身安全正在或者已经受到严重威胁，高等学校的医学专业已经或者正在成为人们望而却步的专业。“‘医闹’事件在中国各地层出不穷，围堵医院与诊室，暴打、砍伤医务人员，诸如此类的群体性事件或暴力事件见诸报端，而医患违规停尸、私设灵堂、摆放花圈等荒唐举动也屡见不鲜。”[1]有的则侧重医患纠纷中患者所受到的伤害，例如，中央电视台有一期节目名为“有家难回的母亲”，其基本内容是一位60岁左右的农村妇女因肠胃不适，在子女的陪同下到某三甲医院治疗，医生确诊其为阑尾炎，并告诉患者及其家属，阑尾切除是一个非常简单的小手术，患者很快就可以出院。但治疗的过程却不容乐观，最终的结果是患者成了半植物人状态，虽然经过医院后期较为长期的补救性治疗，患者有了清醒的意识，但其仍处于瘫痪状态，且不能开口说话。

针对这种已经成为重大社会问题并引起各级管理部门高度重视的医患纠纷，学者以及医疗实务工作者曾从多种角度对其进行概括。笔者认为，我国目前医疗纠纷的现状总体上可以概括为以下几个方面：

### 一、医患纠纷具有较大的普遍性

频繁发生的医患纠纷不仅涉及北京、上海、广州等特大城市资源丰厚、技术先进、声誉卓著的三甲医院，而且在偏僻农村医疗设备、诊疗技术相对落后

[1]　伍德志：《论医患纠纷中的法律与信任》，载《法学家》2013年第5期，第1页。

的基层医院、诊所也十分常见，各地的医患纠纷数量均有逐年上升之趋势。2008 年在太原市召开的关于医患纠纷全国性的内部会议上披露，全国医患纠纷每年发生达百万起，并以100% 的速度增长。浙江省桐乡市是一个人口不多的县级市，2004—2008年的5年间，该市发生医疗纠纷296起，平均每年59.2起；[1]据江苏省某中医院反映，该医院2000年1~10月共发生医患纠纷70起，其中诉诸法律解决的有7起，医院的赔偿总额达70余万元，赔偿总额比该院1954年建院以来45年中所发生的医患纠纷赔偿的总和还要多。北京协和医院是国内规模大、管理严的大型综合性医院，技术高超、设备先进，堪称“中国医学家的摇篮”，长期以来同样受到医患纠纷的困扰：1999年为30起、2000年为26起、2001年为128起、2002年为159起。有学者认为医患纠纷的普遍性、多发性属于医患纠纷的正常现象，在世界范围内具有一定的普遍性和共性。“医患纠纷的‘多发’是普遍现象，其原因在于建立在高技术手段基础上的医疗模式的转变……因此，在某种程度上，医患纠纷的‘多发’是行业发展过程中的必然现象，有待于在整体医疗事业的发展中逐步解决。”[2]其较为详细地列举了世界上其他国家和地区医患纠纷的发生情况，并以之佐证其观点。北京市2010年医患纠纷投诉总量达1501起，常住人口为1961万人，执业医师和助理医师6.6万人，每百万常住居民每年发生的医疗纠纷数量为76起，每千名医生每年发生的医疗纠纷数量为22起。山西省医调委2010年接受医疗投诉890起，全省常住人口为3571万人，全省执业医师和执业助理医师6.7万名。每百万常住居民每年发生的医疗纠纷数量为24.9起，每千名医生每年发生的医疗纠纷数量为13.2起。英国2010年医疗纠纷投诉案件6652起，常住人口为6000万人，服务于全民医疗保健的医师总数为145497人。每百万常住居民每年发生的医疗纠纷数量为110起，每千名医生每年发生的医疗纠纷数量为45.8起。德国2010年医疗纠纷投诉

[1] 桐乡市党外知识分子联谊会：《医患纠纷的现状及思考》，载http://txtx.tx.gov.cn/Article_Show.asp?ArticleID=1975，访问时间：2015年9月6日。

[2] 侯怀霞：《医患纠纷的“多发”与“激化”原因二元论》，载《苏州大学学报》（哲学社会科学版）2015年第2期，第43页。

案件11016起，德国居民为8200万人，注册医师数449409名（2011年年底）。每百万常住居民每年发生的医疗纠纷数量为134起，每千名医生每年发生的医疗纠纷数量为24.5起。[1]

尽管如此，在笔者看来，普遍的、多发的医患纠纷表明患者及其家属对医疗机构、医护人员普遍的不信任，出现了对医疗机构、医护人员专业知识、职业道德、职业定位等方面的信任危机。这样的信任危机与其他的社会因素结合在一起，刺激或者助长了普通群众对我国医疗资源的使用，并刺激其他的非科学的所谓“大师”“大神”的产生，助其获得广泛的市场。这种情况在总体上背离我国医疗事业的基本目的，影响其目标的实现。医患纠纷的普遍性、多发性，还进一步表明医患之间已经恶化了关系及医患关系的非良性化。有学者对我国目前的医患关系情况进行了问卷调查，调查对象涉及各种收入、各种行业的人群，范围涉及上海、山东、浙江、新疆4个省（自治区、直辖市），11个民族。通过调查发现：对当前医患关系持“比较好”以上评价的民众占全部调查对象的28.7%，评价一般的占28.1%，而认为“很差”和“比较差”的民众分别占21.6%，这一结果显示出大部分民众对当前医患关系的看法还是相对中性偏正面的。在对当前医患关系的切身体验方面，有52%的民众认为“身边有过医患矛盾的经历”。在对医患冲突事件原因的看法方面，选择前三位的依次是“医院应急处理措施不完善”（54.9%）、“医院和患者沟通不够”（53.3%）、“患者或家属不了解真相，不够理性”（26.6%）。[2]

## 二、医患双方的差距大、分歧深

民事纠纷中当事人向对方提出的请求形式非常多，根据《民法通则》的规定，这些形式主要包括继续履行合同、支付违约金、赔偿损失、赔礼道歉、恢

[1] 统计数字转引自侯怀霞：《医患纠纷的“多发”与“激化”原因二元论》，载《苏州大学学报》（哲学社会科学版）2015年第2期，第44~45页。

[2] 戴元光、韩瑞霞：《我国当前医患关系的现状、问题及原因》，载《新闻记者》2012年第4期。

复名誉、消除影响、恢复原状、返还财产等。而在医患纠纷中，作为患者的一方当事人提出的请求主要是赔偿损失的请求，而且一般数额比较高。四川省绵阳市各级各类医院自2010—2013年间于医患纠纷处理过程中共支付赔偿金400余万元。[1]当然，也有少数患者或者患者家属提出恢复原状的诉讼请求，必须注意的是，在一般的民事纠纷中恢复原状的诉讼请求是一种相对温和的、容易实现的诉讼请求，但在医患纠纷中这样的诉讼请求，满足起来相对困难，甚至超过赔偿损失的请求之满足。有学者称此种难以实现的恢复原状要求为医疗风险的无法实现的外在化，在他们看来，外在化作为经济学的术语表明行为的后果可以通过转嫁给相关的责任人或者社会保险机构而实现规避的情形。[2]而在医患纠纷中，患者所受的身体上、精神上的痛苦，不仅不能有效地予以祛除，也无法以转嫁的形式予以规避。更何况，医患纠纷中，部分患者可能最终失去了生命，此时何来恢复原状呢？

### 三、多选择非理性的纠纷解决方式

医患之间的纠纷是平等主体之间发生的涉及人身权利或者财产权利的纠纷，因之其属于民事纠纷的范畴。我国法律为医患纠纷的当事人提供了多元化的纠纷解决途径，这些途径包括具有严格私力救济色彩的当事人双方和解、具有社会救济性质的仲裁和人民调解，以及具有公力救济性质的民事诉讼。应当说，当事人选择其中的任何一种方式解决纠纷，都是以理性的方式解决纠纷，并使纠纷的解决具有法治化、文明化之属性。不过，医患纠纷中的当事人更希望或者倾向于以非理性的、非法的方式解决纠纷，这些非理性方式包括以各种形式干扰医疗机构及其医护人员正常工作的方式，常见的是患者或者患者亲属到医院缠闹或者阻止医疗机构工作人员及其车辆的通行，严重的情况是患者的亲属在医院设灵堂、摆灵柩、办丧事。这种非理性的医患纠纷解决方式，长期

[1] 廖德生：《绵阳市医患纠纷的现状与思考》，载http://www.my.gov.cn/bmwz/941282008934383616/20140630/1071955.html，访问时间：2015年9月8日。

[2] 伍德志：《论医患纠纷中的法律与信任》，载《法学家》2013年第5期，第3页。

以来刺激并促进了一个新兴产业，即专门的“医闹”，他们以协助或者代理患者及其亲属干扰医疗机构及其工作人员工作秩序为职业，并通过此种行为谋取利益。在患者及其近亲属、“医闹”实现双赢的同时，不仅严重干扰了医疗机构正常的诊疗工作，影响医疗事业的发展，而且对具体医患纠纷案件的解决施加不正当的压力，并因此可能使患者及其近亲属于医患纠纷的解决过程中，获得不当利益。从根本上影响社会正义的实现和理性社会秩序的建构。据卫生部对350家医院的统计数据显示，因医疗纠纷引发的冲击医院、干扰医疗秩序的事件逐年上升，2006年为10248起，2009年上升为16448起，2010年则升至17243起。[1]

极端的非理性方式是针对医护人员的人身、财产实施的报复。我们在百度上输入“报复医护人员”的关键词，搜索引擎提供的题目有198万之多，“深圳男子因治疗问题报复，4医护人员被砍伤”、“河北医院砍人系伺机报复”等触目惊心。2013年1~10月部分新闻媒体曝光了全国18起伤医事件，这些事件造成了17名医护人员受伤，3名医生死亡。而国家卫生计生委通报，我国2012年发生恶性伤医事件11起，28人受伤，7人死亡。中国医师协会2008年的一份《医患关系调研报告》显示，全国每家医院年平均发生医疗纠纷66起；发生打砸医院事件5.42起，打伤医师5 人。[2]2010年8月18日，以“体制变革”为主题的世界抗癌大会在我国深圳召开。但与会人员中几乎看不到来自中国内地的医生，是中国医生对涉及抗癌尖端技术以及具有超前理念的国际会议熟视无睹、毫无兴致吗？是中国的医生不关心中国医疗事业的发展吗？答案是否定的，因为他们不仅关心中国医疗事业的发展，更关心自身人身及其财产的安全，在其人身权利、执业权利无法获得保障的情况下，其还没有高尚到可以超越自我存在地去关心医疗事业的发展。国际著名医学杂志《柳叶刀》以《中国医生——威胁下的生存》为题指出：

---

[1] 宋旭日：《岳阳市医疗纠纷调研报告》，湖南大学2011年硕士论文，第38页。

[2] 栾永、孟华：《医闹种类、特征、危害与成因对策研究》，载《医学与哲学》2012年第5期。

“要剖析这个现象，首先必须理解：对许多中国医生来说，个人安全问题比参加会议来得更加重要。中国医生经常成为令人惊悚的暴力的受害者，……医院已经成为战场，因此在中国当医生便是从事一种危险的职业。”[1]

针对医护人员频繁发生的、极端残忍的报复行为，不仅导致医护人员在诊疗过程的谨小慎微，无法创造性的、赋予主动性地为患者采取更加积极的诊疗行为，也使更多年轻人在选择职业时远离医疗卫生行业，这种情况从长远来看，将会导致医疗队伍的萎缩，此种情况对我国医疗事业的发展影响是深远的、灾难性的。

## 四、医患纠纷解决程序复杂

从医患纠纷民事诉讼的过程来看，医患纠纷一旦选择诉讼的方式，纠纷的解决往往会采取更为通常、流程更为完整的诉讼程序。一般来说，民事诉讼程序按照其是否属于一般案件的必经程序将其分为一般诉讼程序和特殊程序；按照一审程序的简繁、难易，将其分为第一审普通程序和简易程序。为研究医患纠纷及其解决的特点，我们更多地关注医患纠纷民事诉讼中的对抗性，相对于一般的民事纠纷而言，医患纠纷民事诉讼中双方当事人呈现出更加明显的对立性和对抗性。这主要表现在以下几个方面：

1. 医患纠纷民事诉讼中，适用医疗鉴定的比较多

笔者作为山东省某市人民法院的人民陪审员主要参与其民三庭的民事案件的审理，民三庭主要管辖医患纠纷和交通事故两类民事案件，在笔者参与的医患纠纷案件中，几乎所有的医患纠纷案件都适用了鉴定意见。必须注意，鉴定意见作为民事诉讼中重要的证据类型，也适用于其他民事诉讼，其适用条件是案件的解决涉及专门知识和专门问题，无法依靠裁判者的通常知识解决。医患纠纷中医疗鉴定的适用更多地体现为医患纠纷中的专业性，而非当事人双方的对抗性。不过，相对于其他民事鉴定而言，医患纠纷民事诉讼中，当事人申请重新

[1] Chinese Doctors are Under Threat. The Lancet.2010. P.974.

鉴定的情形比较多。

2. 医患纠纷民事诉讼的结案方式多为判决形式

民事诉讼的一般结案方式包括判决、调解、裁定等形式，尽管判决书和调解书具有相同的法律效果，不过由于对调解书不能上诉，且执行相对比较容易，所以对一般民事案件的处理，法院多倾向于以调解的方式处理案件。很长一段时间以来，调解结案率成为衡量或者评价一个法院审判质量的重要指标，并因此在法院形成了重调解、轻判决的局面。不过，在医患纠纷民事诉讼中，对当事人双方的调解很难实现，法院更多地采用判决的方式处理案件。下表是北京市法院2006—2008年医疗纠纷案件一审结案情况的统计：[1]

| 年份 | 受理（件） | 审结（件） | 结案率 | 判决（件） | 判决率 | 撤诉（件） | 撤诉率 | 调解（件） | 调解率 | 其他（件） |
|---|---|---|---|---|---|---|---|---|---|---|
| 2006 | 428 | 417 | 97.4% | 210 | 50.4% | 121 | 29.0% | 64 | 15.3% | 22 |
| 2007 | 468 | 335 | 71.6% | 165 | 49.3% | 72 | 21.5% | 81 | 24.2% | 17 |
| 2008 | 715 | 483 | 67.6% | 236 | 48.9% | 118 | 24.4% | 106 | 21.9% | 23 |
| 合计 | 1611 | 1235 | 76.7% | 611 | 49.5% | 311 | 25.2% | 251 | 20.3% | 62 |

单纯从上表无法看出医患纠纷民事诉讼调解结案率的高低，因为按照该表上的统计医患纠纷民事诉讼调解的案件平均为20.3%，加上撤诉的案件处理方式，这样灵活处理的案件平均为45.5%，几乎和判决结案率持平。不过与其他民事案件的审理情况相比，即可以发现医患纠纷民事诉讼中的高判决概率。一般民事案件一审的调解率在70%～80%，有些法院为追求案件处理中的法律效果与社会效果的统一，防止当事人的上诉与上访，在实践中采取着重调解的结案方式，结案概率更高。

[1] 图表引自徐立伟：《我国医疗纠纷调解的现状及完善》，中国政法大学2010年硕士论文，第5页。

## 第二节 我国医患纠纷及其解决现状的原因分析

医患纠纷发生的普遍性、多发性、尖锐性等作为宏观社会机制中的一个具体的社会问题，其绝不是肇因于某一个具体的因素，从系统论的观点出发，这样的具体社会问题可能来自多种因素，是宏观的社会系统的必然产物。在对医患纠纷及其解决现状进行调研的基础上，并借鉴其他学者的研究成果，我们将我国医患纠纷及其解决现状的背后原因概括为以下几个方面：

### 一、医疗机构及其医护人员的价值定位出现了偏差

医疗机构及其医护人员在价值定位、功能定位方面出现了较大的偏差，并因此种偏差而出现了对患者的生命健康关注之弱化的情形，最终导致或者引发医患纠纷的普遍发生、频繁发生。传统计划经济体制之下，我国医疗机构及其医护人员的使命被界定为救死扶伤、实行革命的人道主义，我国医疗机构在性质上定位于公共事业单位，体现为非常强的社会服务性、公共性、基础性特征。在社会转型和市场经济的建构过程中，医疗机构和医务人员在一定程度上迷失了其价值追求和功能定位，不同程度地偏离了救死扶伤的社会使命，并更多地追求经济利益。

首先，这表现在医疗机构较多地侧重于经济效益的追求，在事实上采取效益优先的原则，为实现经济效益最大化，医疗机构在为患者采取诊疗措施时，对于过多检查、过度治疗、采取高费用的诊疗手段有明显的偏爱，或者说是医疗机构的优先选择。医疗机构在对医护人员的考评中，将医护人员创造的经济效益作为重要的考评指标，并将其对患者开具的检查费、诊疗费、医药费等直接与医护人员的奖金或者津贴挂钩。笔者曾经对某省会城市几家大型医院进行调研，结果表明经济效益考核是医疗机构考核的重要方法。这种考核不仅刺激

了高医疗费、高诊疗费的现象出现，[1]同时也造成了医疗机构内部分配的严重不公，其中处理大病、疑难病的内部机构，如癌症治疗机构、心脏内科、心脏外科等机构，为医院创收做的贡献大、其收益也相对较高。这些内部机构及其工作人员成为其他内部机构的工作人员羡慕的对象。

其次，对经济效益的偏重在一定程度上也是影响医护人员职业操守的重要因素，并因之成为医患纠纷发生的重要诱因。尽管对医护人员在诊疗过程中是否有收受礼金、红包的现象，以及这种现象所占的比例、严重程度，缺乏实证数字予以佐证和说明，但患者及其家属却实实在在地为此担心，甚至进入医疗机构救治之前就开始托关系、请客送礼。因为其担心如果不预先做“功课”，医护人员可能不会尽心为患者诊疗。学者对曾经有过患病治疗经历的不同层次的人员的调查也说明了这一问题。调查者对就医过程中民众最常遇到的不良事件有哪些进行了针对性的调查，调查显示：乱收费（40.2%）是首当其冲民众反映最为强烈的问题，其次是误诊（21.6%）、送（收）红包（21.4%）和延误病情（18.1%）。收费问题与医疗水平和态度相比是在就医过程中更为频繁出现的问题。[2]

最后，医疗机构及其医护人员在价值定位上的偏差还表现在其对贫困患者采取人道主义救助时的审慎态度。医疗费用的过度、过快增长与广大人民群众的收入增长水平、社会生活水平之间出现尖锐的冲突，冲突结果之一是因病致贫成为我国重要的社会现象。普通群众为防止因病致贫现象，防止人财两失，很多患者拒绝去医院就医。调查表明，在我国仍然有相当比例的病逝人员不是在医院去世，而是在家中去世，其重要的原因之一就是高昂的医疗费已经成为阻止患者就医的最重要的“拦路虎”。冲突的另一结果就是在我国需要给予经济帮助的患者增加。从我们了解的情况看，医疗机构针对不能支付或者不能及

[1] 常健、殷向杰：《近十五年来国内医患纠纷及其化解研究》，载《天津师范大学学报》（社会科学版）2014年第2期，第67页。

[2] 戴元光、韩瑞霞：《我国当前医患关系的现状、问题及原因》，载《新闻记者》2012年第4期。

时支付医疗费的患者普遍采取的做法是暂不安排诊疗，只有患者足额缴纳医疗费以后才安排诊疗。同时，医疗机构为患者减免医疗费用的情况极为鲜见，少数减免情况也多出现在媒体充分报道以后，此时医疗机构的费用减免尽管表面上是出于其社会责任的承担，或者出于其人道主义救死扶伤的价值追求，不过患者或者患者之外的其他民众对之的实际目的可能不无怀疑。事实上，经济上有困难的患者获得帮助的最为通常的方法，也是普通民众最为熟悉的方法，即社会各界的募捐。

## 二、中国目前还缺乏科学的分类诊疗机制

目前，我国卫生行政机关根据各地医疗机构的规模、技术水平、医疗设备、管理水平、医院质量将全国的医院分为三级十等，这三级医院分别是一级医院、二级医院和三级医院，其中一级医院是直接为社区提供医疗、预防、康复、保健综合服务的基层医院，是初级卫生保健机构。其主要功能是直接对人民群众提供一级预防，在社区管理多发病、常见病、现症病人并对疑难重症做好正确转诊，协助高层次医院做好中间或院后服务，合理分流病人。二级医院是跨几个社区提供医疗卫生服务的地区性医院，是地区性医疗预防的技术中心。其主要功能是参与指导对高危人群的监测，接受一级转诊，对一级医院进行业务技术指导，并进行一定程度的教学和科研。三级医院是跨地区、省、市以及向全国范围提供医疗卫生服务的医院，是具有全面医疗、教学、科研能力的医疗预防技术中心。其主要功能是提供专科（包括特殊专科）的医疗服务，解决危重疑难病症，接受二级转诊，对下级医院进行业务技术指导和培训人才；完成培养各种高级医疗专业人才的教学和承担省以上科研项目的任务；参与和指导一、二级预防工作。各级医院中又有不同的等级，例如，三级医院可以分为三级特等、甲等、乙等、丙等四个类别。从逻辑上说，级别越高的医院越应当集中力量诊治疑难、复杂病症，低级别的医疗机构主要负责相对简单的、日常的甚至保健性的诊疗任务，而不是疑难复杂的病患。当下，我国没有强制性的分类治疗机制，结果就是本应当在低级别的医疗机构诊治的患者集中到高级别的医疗机构中。这种集中也是患者及其亲属自然选择的结果，有其心

理上的可理解性，在他们看来，级别越高的医院，技术水平越高，也越能够为其提供优质的、令人满意的诊疗服务。戴元光、韩瑞霞的调查表明，50.4%的接受调查的民众在回答“你更愿意到何级别的医院接受医疗服务？”的问题时，表示其更愿意到三级甲等以上的医院接受治疗。而愿意到二级医院的仅33%，愿意到一级医院的有12.3%，愿意到私人诊所、民间医生处接受咨询或者诊疗的仅有4.3%的受访民众。[1]

缺乏强制性的、科学的诊疗分类机制，而由患者及其亲属自然选择的结果即是不同级别的医院在接受、救治患者上的极端不平衡。大型医院、高级别的医院中出现的门庭若市，一个挂号难求、一个医生难求的境况。此种情况下，蜂拥而至的各种或重或轻的患者，最终导致大型医院、高级别医院医疗资源的相对短缺，包括医疗人员的相对短缺，此时，医护人员给予每一个患者的关注或者医疗资源即大为缩水，表现为诊疗不充分、敷衍性诊疗甚至错误诊疗的情况不断发生。戴元光、韩瑞霞的调查也显示求医支出与医护人员的不充分诊疗、敷衍性诊疗之间的冲突是患者及其亲属最关心的问题，他们以下表反映受访者就医过程中遇到的主要困难：

| | N | 极小值 | 极大值 | 均值 | 标准差 |
|---|---|---|---|---|---|
| 挂号难、排队时间长 | 1848 | 1 | 9 | 2.98 | 1.512 |
| 医生看病不仔细、就医时间短 | 1848 | 0 | 9 | 2.92 | 1.495 |
| 乱开药和要求不必要检查项目 | 1848 | 0 | 9 | 3.09 | 1.659 |
| 对病情诊断解释不足 | 1848 | 0 | 9 | 3.16 | 1.450 |
| 专家号难求 | 1841 | 0 | 9 | 3.08 | 1.724 |
| 有效的N（列表状态） | 1841 | | | | |

[1] 戴元光、韩瑞霞：《我国当前医患关系的现状、问题及原因》，载《新闻记者》2012年第4期。

理解此表格反映的意义，必须了解调查者对遇到的困难频率的不同分数设置，按照其设置“总是遇到某一困难=1，经常遇到某一困难=2，有时遇到某一困难=3，偶尔遇到某一困难=4，从没遇到某一困难=5”，这样调查者认为均值越小，表明此种困难或者情况就越容易遇到。[1]

这样诊疗的时间与患者或者其亲属等待诊治时间的极端不均衡，在根本上导致患者对医生的不信任，并为其后的医患纠纷埋下隐患。事实上，医护人员的敷衍性诊疗如果没有导致对患者的误诊或者耽搁患者的最佳诊疗时间，致使患者遭受难以弥补的人身或者精神损失，患者及其亲属一般也不可能与医疗机构及其医护人员发生矛盾或者纠纷。尽管过程存在这样或者那样的不愉快，但只要患者诊疗的目的能够实现，医疗机构及其工作人员能够帮助患者祛除病痛，患者及其亲属仍然是满足的，对医护人员的敷衍性诊疗也能够给予充分的理解。这种情况也最终得到戴元光、韩瑞霞的调查的支持，他们的调查显示，12.8%的受访民众表示不管在何种情况下都信任医疗机构及其医护人员、73.8%的受访民众表示在大部分情况下他们都不怀疑医疗机构及其医护人员，只有0.8%的受访民众表示完全不信任医疗机构及其医护人员、12.6%的受访民众表示在多数情况下怀疑医疗机构及其医护人员。[2]不过，一旦患者及其亲属对医疗机构及其医护人员的诊疗结果不满意，或者该诊疗行为给患者造成了极大的痛苦时，即患者的目的没有实现时，此种不充分的诊疗或者敷衍性诊疗，即可能成为激化双方之间矛盾的一种重要因素。调查表明，患者及其亲属之所以向医疗机构提出要求赔偿的请求，甚至采取非理性的方法，在医疗机构缠闹，主要在于其坚信医疗机构及其医护人员没有尽到合理的注意义务，存在重大的医疗过错或者过失，换句话说，在患者及其亲属看来，正常的情况下，患者的损害是能够避免的。常健教授认为目前对医务人员的批评主要集中在以下三个方

[1] 戴元光、韩瑞霞：《我国当前医患关系的现状、问题及原因》，载《新闻记者》2012年第4期。

[2] 戴元光、韩瑞霞：《我国当前医患关系的现状、问题及原因》，载《新闻记者》2012年第4期。

面：一是服务态度差、医德医风不正；二是与患者沟通不足，表现为解释不耐心、表情冷漠、不尊重患者等；三是专业技术不精、疏忽大意或过于自信，导致失误率较高，本来可以避免的事故更导致了患者的不满[1]。

在医疗体系中的另一端则是低级别医院的门可罗雀，患者难求，小型医院、低级别的医院少有患者。此种情况不仅不利于这些医院的技术进步，而且从根本上也影响其从事医疗保健、医学知识普及的能力。事实上，全面系统的、经常性的医学知识、保健知识的普及可预防多种疾病的发生，进而从根本上减轻各级法院的诊疗负担，更好地配置我国的医疗资源，实现人人均可接受医疗服务的目标。而在我国总体医疗资源不足的情况下，[2]全面的医学知识、保健知识的普及更加重要，此种知识普及的缺位，一方面导致许多本来不应发生的病患出现，并因此加重各级医院，特别是大型医院、高级别医院的诊疗压力；另一方面可能使许多不科学的保健方法、保健器材、保健药品有了可乘之机，甚至在特定人群中还有非常广泛的市场。此种情况不仅可能给患者及其亲属造成经济上的损失，加剧患者及其家属经济上的困难与医疗机构高收费之间的矛盾，激化医患关系，导致医患纠纷，而且也有可能诱发特定疾病的发生，或者延误科学的诊疗时间，导致大型医院、高级别医院的诊疗负担。

### 三、医患双方之间缺乏通畅的、对等的信息交流机制

双方或者多方之间的交流、对话，不仅是增加理解、互信的重要手段，同时也是消弭分歧、化解矛盾的利器。沟通、理解也因此成为一种重要的当代哲学思想，其中最具代表性的当属哈贝马斯的“沟通行动理论”。及时解决当事

[1] 常健、殷向杰：《近十五年来国内医患纠纷及其化解研究》，载《天津师范大学学报》（社会科学版）2014年第2期，第67页。

[2] 2011年卫生部的统计数字表明我国平均每千人口医疗机构床位数3.81张、执业医师1.82人、注册护士1.66人，人均占有医疗资源的水平仅为世界平均水平的一半左右。数字引自陈洪昌、傅勇、于风旭、廖斌：《医疗纠纷现状分析及解决途径探讨》，载《医学与法学》2013年第1期，第60页。

人纠纷的最正式的诉讼途径也越来越重视当事人之间、裁判者与当事人之间的信息交流与信息沟通。为实现当事人之间的充分信息交流，英美法系国家的民事诉讼制度多设有证据开示程序，大陆法系国家的民事诉讼制度则设有庭前准备制度，并根据各个国家的不同制度、不同文化，选择不同的形式。我国民事诉讼法为实现当事人之间充分信息交流，则是在借鉴英美法系国家的证据开示制度的基础上，建立了证据交换制度。为实现裁判者与当事人之间充分的信息交流，增强当事人对法院裁判的理解和信任，促进司法权威，世界各国都设有严格的判决理由论证制度，不仅包括判决理由在内的判决书，还须向全社会公开，判决书的公开成为公开审判制度的重要内容。同时为保障法院与当事人之间充分信息交流，大陆法系国家和地区的民事诉讼制度大多设有释明制度，要求裁判者必须在诉讼的各个过程中向当事人作必要的说明，以使当事人在了解诉讼的具体进展情况以及在对诉讼行为的性质、后果有充分认识的情况下，在充分权衡其实体利益和程序利益的基础上，有选择地实施诉讼行为。

与此同时，我们也发现，当前医患关系出现问题的一个重要原因是在医院、医生和民众之间缺乏良性的沟通和信任，医院在面对医患纠纷时没有有效的沟通和疏导体制。而在就诊过程中，民众纠结于“看病时间的长短”和“送（收）红包”现象，更反映出民众对医生和医疗体制的不信任。医患双方信息交流机制的匮乏主要源自以下几方面原因：

其一，医患之间存在难以克服的信息不对称以及无法跨越的知识不均衡。众所周知，医疗是一个高度专业化的行业，在各种高科技手段、高技术含量的设备日益广泛地运用到医疗过程中的当代社会，医疗的专业化程度也有逐渐增加之趋势。高度的专业化要求，不仅对医疗机构的医疗设备、基础设施建设提出了要求，还对医护人员的专业知识提出了苛刻的要求，或者设置了难以逾越的高门槛。从目前来看，从事医疗服务的医疗工作者不仅应当经过系统的知识学习、临床锻炼，[1]而且必须取得相应的执业资格证书，才有可能成为医疗工作者。事实上是否拥有相应的医学人才，以及拥有医学人才的数量、结构、种类、层次是直接影响医疗机构专业层次的重要因素，并且是医疗机构从事医疗服务的重要考察要素。在专业日益精细化、专业分工日益明确化的当今时代，普通民众与医学专业、医学知识之间的距离，或者说普通民众对医学专业、医学知识的疏离将有扩大化之趋势。

不能不说我国有着大量的规范医疗机构及其医护人员执业行为的各种细密、具体的规范，如《执业医师法》《医疗技术临床应用管理办法》《中医坐堂医诊所管理办法》《医疗机构消毒技术规范》《肿瘤消融治疗技术管理规范（试行）》《心室辅助装置应用技术管理规范（试行）》等，但这些规定更多的是指导卫生行政主管部门对医疗机构的管理与监控，而不是促使医疗机构及其医护人员就整个医疗过程对患者及其家属的公开，促进其知情与判断。当然，这些管制措施对于提高医疗服务质量是必要的，也是非常有利的，但患者及其亲属通常无法准确理解这些规范以及这些规范背后的具体的诊疗行为，因之不能有效地依据以上规范监督医疗机构及其医护人员的诊疗行为，也无法根据这些具体的规范来设定自己的医疗期待。而且，卫生行政部门即使与医疗机构之间不存在知识不对称，也会存在信息不对称。卫生行政部门的监管是一对多的监管，在缺乏众多患者正确举报的情况下，这种监管也必然是低效的。所有这些都会导致当事人无法对医疗行为形成稳定、安全、透明的期待。

当然，信息化、数字化时代不仅可以更加方便、快捷地表达各种不同社会主体的思想感情，也可以促使各种社会主体获得多种其需要的有价值的信息。例如，患者及其亲属可以在百度引擎上搜索到关于各种疾病的病因、病症、检查、诊断、治疗过程等多方面的知识；网络上也有各种所谓的“在线医生”从

[1] 从目前的情况来看，没有经过系统的医学知识学习的人，进入二级以上的医院从事临床医学工作基本是不可能的，如果拟到三级甲等以上的医院从事临床医学工作，则一般须经本科、硕士、博士阶段的系统学习。有些医院还要求新进临床医生必须具有海外学习的经历或者海外工作的背景。

不同的角度回答患者或者其亲属的提问，为其提供医学知识方面的咨询。主流媒体或者传统媒体中通常也设有有关民众健康的栏目，专门向民众普及医学方面的知识以及特定疾病的诊疗手段、方法等。不过，这些信息的传播具有抽象性、概括性，因为如果其不具有普遍性、概括性，将有可能失去多数受众，从而减损其信息传播的功能，阻碍其目的的实现。换句话说，这样的信息传播均不涉及具体医疗机构及其医护人员的具体医疗行为，无法实现患者及其亲属对具体诊疗行为的知情，不能最终实现患者及其亲属与医疗及其医护人员之间充分的信息交流。相反的情况是，患者及其亲属可能以上述非正式的途径了解的信息，对医疗机构及其医护人员的诊疗行为提出更加不切实际的期待，在某种程度上或者某些情况下加剧医患之间的紧张关系。

医患双方之间专业知识、医学知识之间的不均衡，可能造成两个方面的后果：一方面，患者及其亲属对医疗机构及其医护人员诊疗行为的不理解或者误判，并因之发生医患纠纷。国外医患纠纷的裁判结果可能从一定的侧面说明了此种误判的存在以及此种误判引发的医患民事诉讼。有美国学者指出，由于病人多数情况下并不能准确观察、理解医疗过程，所以病人往往只能根据结果的好坏决定是否控告医生，这就可能出现以下两类不同的情况：医生虽然存在医疗过错，但由于结果不太严重，患者放弃追责；或者医生虽然不存在医疗过错，仅仅由于结果看似比较严重，患者才提起控告。[1]在日本，学者的研究也指出了类似的大量误判现象：在1976年至1987年的12年的医疗诉讼中，只有37.3%的判决支持作为原告的患者的请求。而在包括医疗诉讼在内的所有民事诉讼当中，法院作出的支持原告的判决，即原告患者胜诉的判决概率是86.5%。学者进一步研究表明，诊疗行为结果越严重，患者提起诉讼的可能性越大，换句话说，患者及其亲属的医疗民事诉讼的提起与医疗机构及其医护人员的诊疗行为之过错并无必然联系。调查显示患者死亡是医疗民事诉讼的最常见诉因，其占所有医疗民事诉讼的47%；其次是因患者无法治愈或者造成患者

---

[1] Donald J. Wright. Medical Malpractice and Physician Liability under Negligence Rule. International Review of Law and Economics. Vol.31 No.3. 2011. P.210.

永久性伤残所致的医疗民事诉讼，其占所有医疗民事诉讼的19.7%。[1]另一方面，可能促使部分医护人员滥用自己专业知识、医学知识方面的优势，或者说利用患者及其亲属之专业知识的欠缺为其医疗过失寻找借口或者托词，或者可能给予某些缺乏职业良知、职业道德的医护人员不正当地实施诊疗行为、懈怠性的实施诊疗行为提供勇气。这样的懈怠诊疗或者不当诊疗，即使在未给患者及其亲属造成损害的情况下，也可能加剧医患双方之间的矛盾，刺激患者及其亲属对医疗机构及其医护人员的不信任。

其二，医患双方在患者就医前以及在其接受诊疗的过程中，缺乏充分的信息交流。肇因于医疗资源的短缺和医疗资源的不平衡，在几乎所有的大型医院以及级别比较高的医院中都存在医疗资源的不足与患者数量膨胀之间的矛盾，这样没有时间、能力给予单个的、具体的患者以额外的、特殊的照顾，并因此与其之间展开病患原因、病患表现、病患诊治、可能的诊治后果及其风险等多方面的信息交流。同时应当注意的是患者及其亲属对医疗机构及其医护人员的态度，在整个诊疗过程中，伴随着必然的心理变化过程。于诊疗前以及诊疗过程中，肇因于患者及其亲属的专业知识的相对短缺或者匮乏，患者往往对医疗机构及其医护人员具有一定的盲目性信任，甚至崇拜心理，这种情况对于从农村地区或者其他偏远地区的患者及其亲属而言，尤其明显，他们克服地理、交通、经济等方面的困难，慕名到某大型医疗机构，找某著名的医护人员，此时如果说其怀疑医疗机构及其医护人员的技术能力、技术条件、职业道德等，是没有任何科学依据的。换句话说，正是就医前的此种对医疗机构及其医护人员的信任，引导或者支配着患者及其亲属的选择，并使大量的患者流向大型医院或者级别较高的医院。患者及其亲属对医疗机构及其医护人员具有一定的盲目性崇拜，理论研究表明理想的信息交流模式中不可或缺的因素是交流主体的地位平等。非对等的医患关系，阻碍医患双方之间信息的通畅交流。

与其他行为不同，医疗机构及其医护人员的诊疗行为直接关涉患者的生命

[1] Akihito Hagihara, Minako Nishi and Koichi Nobutomo. Standard of Care and Liability in Medical Malpractice Litigation in Japan. Health Policy. Vol.65. No.2.2003.P.119-127.

健康，而且在整个诊疗的过程中可能出现各种各样的突发情况，这些情况往往导致诊疗行为之间的检查无法确定，医护人员也无法预测。这种情况要求医疗机构及其医护人员必须尽快地、果断地采取其认为合理、科学的诊疗手段或者措施，不可能有充分的时间与患者及其亲属进行信息交流。另外，诊疗过程中患者及其亲属出于对患者生命健康的关心以及对可能出现的风险的担心、恐惧，也不可能对医疗机构及其医护人员作出的医疗方案提出质疑，更毋庸说提出有足够说服力的质疑了。

其三，医患双方于纠纷发生后也不具备充分信息交流的条件。以医疗机构及其医护人员的诊疗行为结果为主要诱因的医患纠纷，一旦发生即表现出严重的对立性、尖锐的矛盾性、不可调和性等多种特征。医疗损害直接涉及的是患者的生命健康，损害一旦发生即具有无可挽回、不可补救的属性。如果财产损失可以赔偿，不能赔偿的情况下，可以通过其他的途径获得，但生命不能重来，健康一旦失去将无从拥有。质言之，医疗损害一经发生即给患者及其亲属造成难以弥补、难以抹去的伤痛，而这样的伤痛也常常是患者及其亲属出于非理性状态，并因之使患者无法理性地、从容地与医疗机构及其医护人员进行全方位的信息交流。法律除了按照既定的规范与程序来硬性地处理医患纠纷外，并不能完全弥补当事人的身心创伤。当患者变成永久性的伤残或者患者家属遭受丧亲之痛时， 很多人似乎为了讨个“说法”，才将诉讼进行到底。因为在他们看来，只有这样才能平息其心中的抑郁、痛苦，或者唯有此才可以告慰死者的在天之灵。在我国台湾地区有学者通过对患者访谈的方法研究患者及其亲属的心理， 研究表明患者或其家属控告医疗失当，主要是对一些无法弥补的情感伤痛，提起诉讼，抑或是对医护人员的不适当的、非理性的报复行为，均为这样的情感所支配，他们企图通过这样的方式减轻自己对伤残亲人或者死亡亲人的内疚感，企图通过这样的方式，给受到伤害的亲人一个交代。[1]我国台湾地区由患者或其家属提起的医疗诉讼胜诉率极低的事实，医疗损害发生后患者及

[1] Yu Chan-chiu. What Drives Patients to Sue Doctors? The Role of Cultural Factors in the Pursuit of Malpractice in Tai - wan. Social Science & Medicine. Vol. 71. No.4 2010.P.702-707.

其亲属常处于无法冷静的非理性状态，这种非理性状态不仅使其无法与医疗机构及其医护人员进行理性的信息交流，而且也说明他们在难以排解的心理压力和心理痛苦的情况下，往往不问事实与过错状态，而只求心理安慰的动机成为其提起诉讼的主要动因。

我国民事证据制度也使当事人双方纠纷发生后的信息交流存在一定的顾虑，[1]依据现行法律的规定，当事人一般情况下偷拍、透露的视听资料可以作为其后诉讼中的证据，因此，为防止被对方偷录、偷拍，很多当事人在纠纷发生以后，往往拒绝与对方交流。当然，纠纷当事人在拒绝与对方接触的同时，也有可能希望与对方进行诉前的交流，以期获得或者有机会获得对自己有利的信息。

## 四、针对医患纠纷的多元化纠纷解决机制尚不科学

诚如上文所述，我国《民事诉讼法》《仲裁法》《人民调解法》确立了包括仲裁、人民调解、民事诉讼在内的多元化民事纠纷解决机制，不过冷静地分析医患纠纷的特点之后，即可以发现其医患纠纷特殊的替代性纠纷解决机制还未完全建立，民事诉讼基本上成为医患纠纷解决的唯一的理性解决方式。这具体体现在以下两个方面：

### （一）人民调解很难适用于医患民事纠纷

人民调解这样一种纠纷解决方式，是中国的东方明珠，其借助居民委员会、社区委员会、企事业单位设置的人民调解委员会调解民事纠纷。其优势在于人民调解员熟悉双方当事人的基本情况，自身在社区、村民委员会、企事业单位中享有比较高的威望，可以较有权威地解决当事人双方之间的纠纷。《人民调解法》第十四条规定：人民调解员应当由公道正派、热心人民调解工作，

[1] 具体来说，按照《民事诉讼法》的规定，当事人以违反法律的禁止性规定或者严重违反公序良俗的方法，或者以侵犯他人合法权益的方法形成或者取得的证据，不能作为认定案件事实的依据。参见最高人民法院《关于适用〈中华人民共和国民事诉讼法〉的解释》第一百零六条。

并具有一定文化水平、政策水平和法律知识的成年公民担任。

必须注意，社区成员、农村村民之间发生的纠纷往往具有超越于某一具体民事法律关系的争议，换句话说，当事人之间的争议可能是长期交往过程中，在经济、道德、行为方式等方面争议的积累和总爆发。事实上，这样的纠纷争执方式也是中国传统文化的体现，是传统中国法律文化在新时期的表现。季卫东先生将中国传统法律文化中的当事人超越个案视野争执案件的文化称为“糅杂”，“模糊个案争议中的具体争点，而把一切有关的社会背景都收入视野”。[1]我国人民调解中的人民调解员不仅长期浸润于这样的文化中，而且了解当事人之间争议的来龙去脉，能够有针对性地调处当事人之间的争议，化解当事人之间的矛盾。人民调解员相对于单纯具有法律方面的专业知识的裁判者而言，在处理村民之间、社区成员之间的纠纷方面具有天然的优势。

与民事诉讼相比，人民调解在其解决纠纷的规范适用上也有较大的灵活性，除可以援用国家正式的法律之外，为当事人双方认可的道德规范、生活习俗等均可以作为调处当事人纠纷的依据。有学者甚至称国家正式法律之外，作为当事人纠纷解决依据的规范为民间法。事实上，长期生活在特定社区、乡村的民众，虽然其行为可能不为法律所禁止，但如果违背当地的善良风俗，却可能使其背负更大的心理压力。而这样的心理压力，又迫使其认可此种非正式的规范，并按之行为。正因如此，才必须说法律与道德、法律与习俗之间具有内在的关联性和界限上的模糊性，法律也常常把违背善良风俗、公序良俗作为法律的基本原则。即使在没有相应的社会规范规制争议的当事人行为时，具有相当权威的人民调解员也可以根据当事人争议的情况，创造性地解决当事人之间的纠纷，而此种纠纷的解决也在一定程度上具有创制社会规制的能力。萨利·法尔克·穆尔将具备强制服从、规制创制的社会称为半自治的社会。半自治的社会“自身具有创制规制的能力，有诱导或强迫服从的手段；但它同时又置身于大型社会的母体之中，这个社会的母体时而根据半自治社会内部成员

[1] 季卫东：《中国法文化的蜕变与内在矛盾》，载米健主编：《比较法学文萃》，法律出版社2002年版，第60页。

的请求，时而根据它本身的情况，而能够且实际地影响和侵入半自治社会内部”。[1]

不过，于医患民事纠纷中，人民调解的诸多优势都无法体现在医患纠纷的解决中，从而使人民调解具有天然的排斥医患纠纷的属性。首先，现代的医患纠纷双方，特别是与大型医院、级别比较高的医院发生的医患纠纷双方，分别来自不同的社区、不同的乡村，人民调解员不管其来自患者所在的社区、村民委员会，还是来自医疗机构所在的社区，其都不可能熟悉双方当事人。既不熟悉当事人双方争议问题的来龙去脉，不明确当事人争议的焦点问题，也不熟悉当事人双方是否有共同认可的行为规范，这样人民调解委员会无法体现其针对性优势，不能有针对性地调处双方当事人之间的医患纠纷。其次，在医患纠纷中，人民调解员也不具有相对于双方当事人的专业优势、道德权威、社区声誉等。不仅医患纠纷双方可能分别属于不同的社区，还可能是具有较大空间距离的不同社区，在某个具体社区、乡村具有道德权威的人民调解员，可能难以被其他社区的人们认可。从而体现出社区权威、乡村威望的地域特征和局限性特征。而且，人民调解员既没有对患者及其亲属的专业知识、医学知识优势，更不具有对医疗机构及其医护人员的专业知识、医学知识优势，《人民调解法》对人民调解员的唯一要求是公道正派、热心人民调解工作，且具有一定文化水平、政策水平和法律知识，并没有其他的更严格的要求。[2]这样人民调解中协调当事人和谐解决其纠纷的优势即不复存在。具体来说，人民调解员对当事人的教育、引导、说服等都因为此种权威的丧失而失去其存在的可能性。

---

[1] [美]萨利·法尔克·穆尔：《法律与社会的变迁：以半自治社会作为适切的研究主题》，载郑永流主编：《法哲学与法社会学论丛》（7），中国政法大学出版社2005年版，第210页。

[2] 人民调解员的道德权威和社区声誉，是在长期的社会生活中自然形成的，即使未作为遴选条件，其也实实在在地影响人民调解员的遴选过程和遴选结果。因为，具有较高道德权威和较高社区声誉的成员，相对比较容易被遴选成为人民调解员。

（二）医患纠纷也难以采取民商事仲裁的方式予以解决

仲裁制度是我国重要的民事纠纷解决制度，其在本质上是由作为社会组织的仲裁机构对当事人的纠纷居中而断，并作出最后的权威性裁决的纠纷解决方式。“所谓仲裁，是指双方当事人按照有关规定，事先或事后达成协议，把他们之间的一定争议提交仲裁机构，由该机构对争议的事实和权利义务关系作出判断和裁决以解决争议。”[1]相对于一般的民事诉讼而言，其优势首先表现为相对灵活的程序机制。民事诉讼的程序具有非常严格的程序属性，当事人的协议选择受到一定的限制，而在仲裁程序中，当事人的选择权得到充分尊重。当事人不仅可以不受地域限制选择受理案件的仲裁机构，也可以自主选择仲裁案件的仲裁员。其次，仲裁机构的仲裁员除具有解决纠纷所必要的法律知识外，还具有与特定的案件相适应的专业知识。例如，涉及建筑合同的纠纷，当事人可以选择具有建筑学知识的仲裁员，而对于涉及金融问题的纠纷，当事人则可以选择金融专家作为案件的仲裁员。这样仲裁相对于民事诉讼而言，具有更强的专业性，更能够促进实质正义的实现。最后，仲裁程序相对快捷。一般的民事诉讼采取两审终审的制度，民事案件一般要经过两个审级的人民法院的审理，有些案件当事人还可以启动审判监督程序获得特殊救济。而仲裁案件采用一裁终局的原则，相对而言可以高效、经济地解决当事人之间的纠纷。

相对于人民调解而言，仲裁不仅具有人民调解所不具有的专业性以及实体正义实现上的可保障性之外，还具有形式上的权威性。根据《仲裁法》的规定仲裁机构就当事人之间的民商事纠纷所作出的仲裁裁决书和仲裁调解书具有与人民法院的生效判决一样的法律效力，当事人既不能对之另行提起诉讼，也不能以上诉或者申请再审的方式获得救济。尽管当事人可以申请人民法院宣告仲裁机构的仲裁裁决无效，或者申请人民法院裁定不予执行仲裁机构的仲裁裁决，但根据2012年《民事诉讼法》的规定，人民法院裁定不予执行仲裁裁决必

[1] 江茹、沈爱玲：《构建我国医疗纠纷仲裁制度的探讨》，载《南京中医药大学学报》（社会科学版）2011年第4期，第224页。

须符合更加严格的条件。[1]同时，当事人虽然可以申请人民法院宣告仲裁机构作出的仲裁裁决无效，但《仲裁法》规定的人民法院宣告仲裁裁决的条件一样极其严格，其内容与法院裁定不予执行仲裁裁决的条件基本一致，或者说2012年《民事诉讼法》是以与《仲裁法》规定的宣告无效条件相一致的思路，规定裁定不予执行仲裁裁决的条件的。

正是考虑到仲裁之相对于民事诉讼、人民调解的诸多优势，相当数量的学者均建议将仲裁制度或者仲裁方式引入医患纠纷的解决中来。“就医疗事故损害赔偿纠纷而言，仲裁和诉讼相比，其优势表现为：其一，更具专业性。其二，快捷且经济。其三，具有更好的保密性。”[2]除了这样的理由之外，其他的基本理由主要有以下几个方面：

1. 认为医患纠纷不管是依据合同发生，还是作为侵权纠纷都是普通的民商事纠纷，属于《仲裁法》规定的范围。“医疗纠纷可分为医疗侵权纠纷和医疗服务合同纠纷，但无论是哪种纠纷，双方当事人均为平等民事主体。除强制治疗关系外（如传染病的防治），医患关系的建立、变更或终止以及医患关系中权利义务的确定，医疗纠纷的处理，实行意思自治。医患双方当事人具有完全民事权利能力，在不涉及国家和第三人利益的前提下，可以自由处分自己的民事实体权利，其承担责任的方式主要是经济赔偿责任。因此，从决定可仲裁性

[1] 2012年《民事诉讼法》第二百三十七条第二款规定：被申请人提出证据证明仲裁裁决有下列情形之一的，经人民法院组成合议庭审查核实，裁定不予执行：（1）当事人在合同中没有订有仲裁条款或者事后没有达成书面仲裁协议的；（2）裁决的事项不属于仲裁协议的范围或者仲裁机构无权裁决的；（3）仲裁庭的组成或者仲裁的程序违反法定程序的；（4）仲裁所根据的证据是伪造的；（5）对方当事人向仲裁机构隐瞒了足以影响公正裁决的证据的；（6）仲裁员在仲裁该案时有贪污受贿、徇私舞弊、枉法裁判行为的。该条第三款规定：人民法院认定执行该裁决违背社会公共利益的，裁定不予执行。

[2] 郭玉军、杜立：《医疗事故损害赔偿仲裁若干问题研究》，载《法学评论》2010年第2期，第155页。

的三个方面衡量，可以确定医疗纠纷应当具有可仲裁性。”[1]

2. 有些学者在一般的可仲裁性研究之外，从域外经验来论证医患纠纷仲裁的可行性。在他们看来，世界主要国家和地区关于医疗纠纷的立法以及实践表明医疗纠纷具有可仲裁性。持此种观点的学者举例说，20世纪后半叶美国部分州为了应对爆炸性增长的医疗过失诉讼案件，逐步将《美国统一仲裁法案》规定的仲裁方式引入医患纠纷的解决中。德国各州的医师协会和保险公司合作成立了及时解决医疗纠纷的仲裁机构，替代德国法院处理了为数众多的医疗纠纷。墨西哥政府为应对日益严峻的医疗纠纷状况，于1996年创设了一个独立的、附属于国家卫生机构的医疗仲裁国家委员会。我国台湾地区在实践中多已采取仲裁方式解决各种类型的医疗纠纷。[2]

3. 医患纠纷的专业性、知识的非均衡性决定了仲裁对医患纠纷具有相对于其他一般民事案件的必要性。在他们看来，要实现医患纠纷的公正解决，并取得双方当事人满意的处理结果，裁判者必须同时拥有法学方面的专业知识和医学方面的专业知识，“从法律的角度看，要公正处理医患纠纷至少应满足的条件是，法官应具备相应的法律和医学知识以胜任对具体案件的裁判，但其首要前提是查清案件事实”。[3]而现实则是法官仅仅拥有裁判案件所需要的法律方面的知识，却不具备医学方面的专业知识，即使有鉴定意见这样的证据形式，即使当事人可能在法庭上提交鉴定意见这样的科学证据，但由于裁判者缺乏必要的专业知识，可能无法准确地判定鉴定意见的客观性、科学性。“从法院的审理环节看，法官只有懂得医学才能看懂病历资料的证明内容，才能甄别医患双方提交的材料的真伪，才能对已有鉴定结论的客观性、科学性、公正性进行

[1] 余承文：《医疗纠纷的可仲裁性研究》，载《南京医科大学学报》（社会科学版）2007年第1期，第27页。

[2] 关于西方国家以及我国台湾地区医患纠纷仲裁解决的资料，转引自马占军：《我国医疗纠纷仲裁解决机制构建研究》，载《河北法学》2011年第8期，第5~6页。

[3] 赵新河：《构建仲裁制度是公正高效处理医患纠纷的必然选择》，载《中州学刊》2005年第6期，第89页。

正确的司法审查。质言之，既然难以想象医方会提交对患者有利的或完全真实可信的证据，就只能借助于裁判者的‘火眼金睛’来‘明察秋毫’。但是，法官的医学知识即使经过短期培训也不可能达到医学专家的水准，这就使得法官们习惯于委托并过于依赖鉴定机构来认定事实，这是制约医患纠纷案件审理质量的关键因素。”[1]

基于对医患纠纷仲裁的可行性、必要性之论证，很多学者充满热情地对我国医患纠纷仲裁的若干程序问题进行了设计。其内容包括仲裁机构的设立、仲裁员的遴选、仲裁模式的选择等，当然，在程序设计的过程中，不乏不同的声音，或者说就医患纠纷仲裁存在非常大的争议。例如，在仲裁机构的设立上，有两种对立的观点：一是必须建立独立的仲裁机构，认为其是世界各国、各地区的普遍做法，更能体现仲裁的专业性、快捷性。[2]二是认为不应设立独立的仲裁机构，应当将医患纠纷纳入普通的民商事仲裁中。认为建立独立的仲裁机构既无法律上的依据，也是现有仲裁资源的巨大浪费，同时仲裁机构的专业性完全可以通过仲裁员的专业性来实现，无须建立独立的医患纠纷仲裁机构。[3]在仲裁模式的选择上，主张采取自愿仲裁模式者有之，主张采取强制仲裁模式者亦有之，当然，还有人主张采取自愿仲裁与强制仲裁相结合的混合模式。

我们认为必须辩证地看待医患纠纷中的仲裁问题或者仲裁解决方式。基本的理由在于如果采取普通仲裁的模式，即当事人自愿于纠纷发生前或者纠纷发生后达成书面的仲裁协议，将其纠纷提交仲裁机构予以仲裁，则医患纠纷的仲裁即首先满足了可仲裁中的当事人处分性之要求。同时医患纠纷特别是要求医疗机构赔偿损失的纠纷也是平等主体的当事人之间的纠纷，并涉及当事人之间

---

[1] 赵新河：《构建仲裁制度是公正高效处理医患纠纷的必然选择》，载《中州学刊》2005年第6期，第89~90页。

[2] 王炤、戴斌：《论医疗纠纷仲裁制度的构建》，载《安徽工业大学学报》（社会科学版）2010年第6期，第8页。

[3] 马占军：《我国医疗纠纷仲裁解决机制构建研究》，载《河北法学》2011年第8期，第8页。

的财产权利，既不违反《仲裁法》的规定，也满足了可仲裁性中的财产性和平等主体性的要求。在符合所有的仲裁条件的情况下，当事人自然可以根据仲裁协议的约定提起医患纠纷仲裁。因之，按照我们的理解，在普通仲裁、自愿仲裁的意义上进一步研究或者主张医患纠纷的仲裁解决没有任何实际意义。尽管有学者认为，由于仲裁裁决具有和人民法院生效的判决书一样的法律效力，医患纠纷中的仲裁对当事人似乎过于严苛，“而解决医疗纠纷则不同，尤其是在患者生命危急的时候，医疗机构须无条件地进行救治，所以，医疗纠纷的解决更偏重于公正。一裁终局的结果易使纠纷解决不够公平，使医患中一方丧失司法救济途径，造成医疗纠纷解决公正程度降低”。[1]

不过，在我们看来这样的理由似乎并不充分。一方面，对于生效的仲裁裁决并非全无救济途径，尽管救济途径规定的条件严苛，但当事人完全可以在法律规定的条件具备时申请宣告仲裁裁决无效或者申请人民法院不予执行仲裁裁决；另一方面，赋予仲裁裁决以确定力，以不可推翻的效力，是维持仲裁权威、节约纠纷解决资源的需要。反过来说，如果许可当事人反复争执同一问题、同一案件，不仅纠纷解决机构的权威性荡然无存，而且也会就同一事件多次、重复解决，极大地浪费纠纷解决资源。维护裁决的权威性、节约司法资源、促进分配正义的实现，也成为各国民事诉讼法制确立既判力制度的重要政策依据。另外，医患纠纷当事人一旦选择仲裁的途径，并以仲裁方式解决其纠纷，即应当承担此种选择的结果，这在民事程序法上称为作茧自缚的效力，即民事纠纷解决的主体在享有纠纷解决主体之地位的同时，应当承担主体实施行为所导致的结果。这并非意味着，当事人不可以在程序进行的过程中积极地实施对自己有利的诉讼行为，作茧自缚的效力本身即要求当事人自主判断、自主积极实施对其有利的行为，并在此基础上承担对其有利的或者不利的诉讼结果。最后还须看到并非经过的程序越多越能够实现纠纷解决的公正与客观。一般来说，纠纷解决的公正性与纠纷解决投入的时间以及纠纷解决的次数呈正相关关系，不过此种正相关仅仅在一般条件下存在，如果纠纷解决的次数及时间

[1] 郑雪倩、童云洪：《普通仲裁不适用医疗纠纷》，载《健康报》2005年2月4日。

超过一定的临界点，则再一次的纠纷解决或者额外的时间投入，可能不会促进实体公正的实现，相反，有可能减损实体公正的实现。当然，如果许可法院再次对医患纠纷的仲裁裁决进行审理，则有何理由或者因素可确保法院的裁决相对于仲裁机构的裁决更接近实体公正呢？事实上，引入仲裁以接近纠纷的重要理由即在于借助仲裁员的专业性，更公正、客观、快捷地解决当事人之间的纠纷。

必须注意，承认仲裁之对医患纠纷的可适用性，并非意味着仲裁这样的纠纷解决方式对医患纠纷的解决具有切实的现实意义，或者说仲裁这样一种纠纷解决方式能够在医患纠纷中发挥重要的作用，甚至以其作为解决医患关系的良药。首先，仲裁之解决当事人之间纠纷的正当性在于当事人之间的合意，离开了当事人之间的合意选择，仲裁即失去了其存在的基础。而事实上，在医患纠纷中这样的当事人合意却总是难以达成。纠纷发生前双方当事人不可能形成此种仲裁条款，一般的医疗服务中，患者到医院挂号就诊，不存在与医疗机构就各种医疗服务事项提前订立合同的问题。订立这样的合同在现实中也是不可能的，医疗过程中可能有多种多样的医疗机构及其医护人员无法预料的问题，不可能在就诊时就这些无法预料的问题达成合意。即使医疗机构强迫性地要求当事人签订这样或者那样的协议，其后当事人也都可以对之无法预期、存在胁迫、欺诈等为由要求撤销。那么，双方当事人可否在纠纷发生以后达成书面的仲裁协议呢？在我们看来这样的可能性也非常小，其基本的原因是医患纠纷一旦发生，即意味着当事人之间的分歧比较大。尽管存在当事人之间形成合意的可能性，但一般来说却缺乏形成合意的现实性。

其次，医患纠纷虽然在表面上涉及赔偿损失的请求，并因之使案件具有财产属性，但一般而言，医患纠纷的赔偿均依附于当事人对另一方的人身权利的侵害，赔偿损失是对人身权利侵害的一种救济。归根结底，医患纠纷还是一种侵犯人身权利的纠纷，依据《仲裁法》的规定，这样的涉及人身权利的纠纷不属于《仲裁法》调整的范围。另外，还应当看到医患纠纷中，赔偿损失的要求虽是通常的请求，但其并非唯一的请求形式。医患纠纷中的患者及其亲属可能提出要求对方祛除医疗瑕疵的请求，尽管这样的行为给付可以转化为财产给付，但其从直接形式上看仍然属于行为给付，而不是财产给付。医疗机构及其医护人员作为医患纠纷中的另一方当事人，除可以提出要求对方支付拖欠的医疗费的请求外，还可以请求裁决机构判令患者从医院的病房中撤出的请求。最后，医患纠纷的解决过程中还涉及医疗机构及其医护人员的执业资格、诊疗规程等方面的问题，尽管可以借助鉴定意见这样的证据形式，可以解决其中的许多专业性问题，但许多问题仍然具有仲裁机构无法确认的问题。

再次，医患纠纷仲裁中可否真正实现专业化与法律化的完美结合也需要进一步验证，或者需要进一步依靠实践的检验。具有医学专业知识的仲裁人员进入仲裁庭可以很好地弥补一般民事诉讼中的裁判者不了解法律之外的专业知识的困境，有利于医患纠纷中的涉及医疗专业知识的专业问题的解决，不过医患纠纷，不管属于合同纠纷，还是属于侵权纠纷，都包含大量的法律方面的问题。这些法律方面的问题也具有相当的专业性，非一般人员可掌握。例如，医患纠纷中的举证责任问题、证明标准问题、损失的计算问题等，并非不经过法律方面的专业训练即可以胜任该项工作。最高人民法院于2015年推行的人民陪审制度改革，限制人民陪审员的作用范围于事实认定方面，也是出于这样的考量，认为没有经过法律训练的人民陪审员不能很好地完成法律适用方面的问题，在实现司法正义方面的积极意义不是十分明显。

最后，医患纠纷仲裁中的公正性在实体方面与程序方面同时获得促进和认可也颇有令人怀疑之处。不仅应当实现司法公正，还应当以看得见的方式实现司法公正，仲裁的合法性和正当性也与此有密不可分的关系。确实地，在仲裁过程中，以具有医学知识的仲裁员仲裁案件，可以比较好地理解当事人争议的争点、证据、证明过程，甚至可以比较好地理解当事人的故事叙述，因此相对较好地认定案件事实，可以促进实体公正的实现。不过，具有医学专业知识的仲裁员从何而来呢？来自仲裁机构所在地医疗机构的医务人员，或者仲裁机构所在地医学研究机构的研究人员、教学机构的教育工作者，此种情况下，医患纠纷中的患者一般会在情感上对这些与医疗机构及其医护人员有这种或者那种关系的仲裁员的中立性、公正性产生怀疑。在民事诉讼中当事人可以申请作为裁判者的法官回避的话，在仲裁中当事人还没有这样的仲裁权利。当然，仲裁过程中，当事人就可以申请选择对自己有利的人员作为自己选定的仲裁员，确实，在医患纠纷中，医疗机构可以非常容易地选到这样的仲裁员，但作为患者的申请人却很难选到“自己”的仲裁员。此种情况下，如何保障仲裁的公正呢？必须注意，实现程序公正的重要条件即裁判者平等地对待当事人双方，或者当事人双方与裁判者的距离是平等的。

## 五、医患纠纷民事诉讼中的非科学因素

除前文所提及的医患纠纷民事诉讼中缺乏具有专业知识的裁决者之外，民事诉讼程序中还存在诸多影响医患纠纷公正解决的因素，主要表现在以下几个方面：

### （一）医患民事诉讼中的鉴定问题还需要进一步明确

对于医患纠纷民事诉讼制度，不同历史时期所采取的鉴定制度是不同的。2005年全国人民代表大会常务委员会《关于司法鉴定管理体制的决定》实施之前，医患纠纷民事诉讼中的鉴定，主要是医疗事故鉴定。医疗事故鉴定主要解决医疗机构及其医护人员采取的医疗行为是否构成医疗事故，如果构成医疗事故，则其构成了何种级别的医疗事故？并以此确定卫生行政机关是否对医疗机构及其医护人员采取行政处罚措施？采取何种行政处罚措施？行政处罚的程度等。换句话说，医疗事故鉴定是卫生行政机关对医疗机构及其医护人员采取行政处罚措施的基本依据。

2005年以前的医患纠纷民事诉讼中，作为卫生行政机关行政处罚依据的医疗事故鉴定，具有在民事诉讼中可以直接适用的属性。此种行政鉴定在民事诉讼中的直接适用性与当时我国的鉴定体制有很大的关系。在当时的背景下，司法鉴定体制存在诸多乱象，乱象之一即多头设立鉴定机构。不仅行政机关内部可以设立鉴定机构，而且司法机关内部也可以设立鉴定机构。不仅企事业单位内部可以设立鉴定机构，而且社会团体内部也可以设立鉴定机构。乱象之二即所有的鉴定机构出具的鉴定意见都可以直接作为案件的证据使用，在有多个鉴定结论的情况下，司法机关往往以作出鉴定的鉴定机构的身份、级别等形式要件作为取舍的标准。不过医疗事故鉴定与一般医患纠纷民事诉讼中的鉴定考

察的重点略有不同。考察医疗机构及其医护人员的医疗行为是否构成医疗事故所考察的因素包括医疗机构及其医护人员的过错程度，患者必须遭受重大损失。[1]而在一般医患纠纷民事诉讼中，鉴定主要解决的问题是医疗机构及其医护人员有无过错？如果有过错，其过错与患者的损害是否有因果关系？这样一般医患纠纷民事诉讼中的鉴定并不关心患者的损害程度，也不关心医疗机构及其医护人员的主观过错程度。在给出的鉴定结论中也有不同的内容，医疗事故鉴定的结论表现为医疗机构及其医护人员的行为是否构成医疗事故？如果构成了医疗事故，则构成了几级医疗事故？而医患纠纷民事诉讼中的鉴定内容是医疗机构及其医护人员有无过错？如果有过错，该过错与患者的损害之间是否有直接的因果关系？

2005年以后，作为卫生行政管理机关行政处罚必经程序的医疗事故鉴定仍然存在，同时全国人大常委会通过并颁布的《关于司法鉴定管理体制的决定》在总结和反思既往司法鉴定机制的基础上，统一了我国的司法鉴定制度，此种情况下，医疗事故鉴定可否直接作为医患纠纷民事诉讼中的鉴定，似乎立法上

[1] 1987年6月29日发布的《医疗事故处理办法》第二条规定：本办法所称的医疗事故，是指在诊疗护理工作中，因医务人员诊疗护理过失，直接造成病员死亡、残废、组织器官损伤导致功能障碍的。通常认为医疗机构及其医护人员的医疗行为构成医疗事故必须同时具备五个条件：一是医疗事故的行为人必须是经过考核和卫生行政机关批准或承认，取得相应资格的各级各类卫生技术人员。因诊疗护理工作是群体性的活动，构成医疗事故的行为人，还应包括从事医疗管理、后勤服务等的人员。二是医疗事故的行为人必须有诊疗护理工作中的过失。三是必须是发生在诊疗护理工作中（包括为此服务的后勤和管理工作）。四是给病员造成危害的结果，必须符合《医疗事故处理办法》第二条规定，即《死亡、残废、组织器官损伤导致功能障碍的》。不及这种程度，不认定为医疗事故。五是危害行为和危害结果之间，必须有直接的因果关系。否则不能认定为医疗事故。在多因一果时，要具体分析各自原因的不同地位和作用，如病人死亡、残疾或功能障碍与疾病本身的自然转归常有密切关联。有时因疾病重笃、复杂或已处于晚期，而责任者的过失行为只是处于非决定性的地位，甚至处于偶合地位，这些都要作具体分析，尤其是在事故定性、定级和对责任者处分时要慎重判定。

并不明确。这种立法上的模糊导致司法实践中的混乱，实践中常常出现医疗机构及其医护人员申请医疗事故鉴定，而患者一方则申请医患纠纷鉴定的情形，导致医患纠纷鉴定的混乱及其相应的资源浪费。

（二）医患纠纷民事诉讼举证责任制度也在一定程度上影响医患纠纷民事诉讼的吸引力

我国医患纠纷民事诉讼的举证责任制度历经改革，在2002年以前医患纠纷民事诉讼采患者举证原则，由于医疗纠纷的专业性、医患纠纷双方当事人专业知识上的不平衡性所决定，患者常常难以对案件充分举证。考量双方当事人的举证能力、专业知识的掌握等情况，2001年《最高人民法院关于民事诉讼证据的若干规定》对医患纠纷民事诉讼采取了特殊的举证责任制度，即由医疗机构就自己的医疗行为不存在过错，或者虽然存在过错但该过错与患者损害之间不存在因果关系承担举证责任。这样的举证责任制度，极大地缓解了患者及其亲属的举证压力，对具有提起举证积极性、主动性的患者一方而言，此阶段医患纠纷民事诉讼具有较大的吸引力；从事司法审判的司法实务人员认为2002年以前医患纠纷中医疗机构败诉的比较多，而2002年以后，医疗机构败诉的比较少，其主要原因是患者及其亲属盲目起诉的情况增加了。“医疗机构败诉的一般都是在诊疗护理中或多或少地存在这样或那样的问题，而且主要是由于医护人员责任心不强所致。在最高人民法院举证规则出台以前的诉讼中，医院败诉率高达80%左右。出台后由于部分患者对举证责任倒置理解不正确，不加分析盲目起诉，患者败诉的比例有所上升。”[1]这种情况也从侧面说明了举证责任制度的改革，在一定程度上影响了患者起诉的态度，更直接地说患者举证责任的减轻刺激了患者及其亲属提起诉讼的积极性、主动性。2010年《侵权责任法》实施，并采取了全新的举证责任制度，按之，一般情况下，医患纠纷应当由患者就全部的要件事实的存在承担举证责任，只有在符合法律规定的严格条件的情况下，医疗机构及其医护人员才对其医疗行为不存在过错承担举证责

[1] 盛皓：《当前医患纠纷的特点、难点及趋势分析》，载《南京医科大学学报》（社会科学版）2003年第2期，第117页。

任。此种例外的过错责任原则以及患者举证证明因果关系的举证责任制度，极大地加重了患者及其亲属的举证责任。影响了民事诉讼对医患纠纷双方当事人的吸引力，增加了医患纠纷之非理性解决的可能性。

（三）协助当事人举证的制度还不十分完备

2010年的《侵权责任法》虽然加重了患者及其亲属的举证责任，但协助当事人举证的法律制度还并非十分理想。这主要表现在两个方面：一是证明妨碍制度还不十分科学完备。证明妨碍行为是持有证据的一方当事人或者案外人为妨碍他方当事人使用证据的目的，有过错地隐匿、毁损证据的行为。证明妨碍制度，是指为了实现当事人之间的攻防平衡、制裁民事证明妨碍行为、预防潜在的民事证明妨碍行为而规定的各种制度的总称。应当说，自1998年最高人民法院颁布《关于经济和民事审判方式改革的规定》时起，我国已经建立了初步的证明妨碍制度，最高人民法院《关于适用〈中华人民共和国民事诉讼法〉的解释》进一步继承和发展了我国的民事证明妨碍制度。但此证明妨碍制度仅仅涉及书证这一证据形式，而未涉及其他的证据种类，同时未涉及案外人持有证据时的证明妨碍行为。二是民事诉讼所规定的人民法院的证据调查制度在协助患者及其亲属的举证方面，还具有一定的局限性。自1991年的《民事诉讼法》开始，我国就确立了人民法院依据职权调查证据的制度，而且随着对法院审判权与当事人诉权之间关系的科学界定，民事诉讼法对法院的证据调查权范围的界定越来越科学。当然，法院通过职权调查证据以协助当事人取证，不仅被作为解决当事人举证能力之不足的重要道具，也被民事诉讼作为实现现实的司法公正的重要方法。因此，民事诉讼法对法院依职权调查证据，已经非常重视，并规定了多种救济方法。不过，应当看到现行民事诉讼法在协助当事人举证方面的局限性，此种制度所针对的对象只是现实存在的、当事人及其诉讼代理人无法自行收集的证据，而不包括已经被隐匿、毁损、篡改的证据。换句话说，在持有证据的当事人或者案外人实施证据毁损行为、证据隐匿行为、证据篡改行为时，法院依职权调取证据的制度，对之无能为力。

# 第二章 替代性医患纠纷解决机制的建立

## 第一节 替代性纠纷解决机制之介绍

### 一、替代性纠纷解决机制的概念

替代性纠纷解决机制是相对于正式的、传统的公力救济方式——民事诉讼而言的，替代是对民事诉讼的替代。替代性纠纷解决机制又称为“诉讼外替代性纠纷解决机制”，中国目前通常的翻译是“诉讼外纠纷解决机制”或“非诉讼纠纷解决机制”，简称“ADR”，是指在矛盾纠纷的解决过程中，通过法庭审理之外的仲裁、调停等非诉讼形式，由第三人参加，自主解决纠纷的方法、机制的总称。尽管诉讼外的纠纷方式长期以来即已存在，并与民事诉讼这种纠纷解决方式共同构成了民事纠纷多元化的纠纷解决机制，不过到20世纪20年代末西方国家开始以与既往不同的视野看待替代性纠纷解决机制，或者说在新的时代背景下一定程度上存在对ADR的依赖或者强调。作为西方现代化国家之代表的美国最先开始重视之，因此美国也被作为ADR的现代起源地，[1]美国1998年《ADR 法》对ADR 所下的定义是:“代替性纠纷解决方法包括任何主审法官宣判以外的程序和方法，在这种程序中，通过诸如早期中立评估、调解、小

[1] 美国作为现代ADR的倡导地和起源地，并非说在这样的倡导之前，于民事诉讼之外不存在其他的民事纠纷解决方式。事实上，多元化的民事纠纷解决方式自有民事诉讼以来即已存在，甚至说，其他的民事纠纷解决方式在历史上早于民事诉讼，有更加悠久的历史。因为民事诉讼毕竟是伴随着国家权力和国家司法权力的出现而出现的，而民事纠纷不仅存在于国家权力产生之前，在初民社会中，也有民事纠纷的存在，也必须有相应的民事纠纷解决机制。多元化救济解决机制的长期存在，不仅是西方国家的事实，同时也是中国的一种非常重要的法文化现象。

型审判和仲裁等方式，中立第三方在论证中参与协助解决纠纷。”[1] 而美国法律信息网中的“代替性纠纷解决方式指南”（Introduction to Alternative Dispute Resolution）则指出:“ADR 是一系列多样化的纠纷解决程序的统称。ADR 程序的共同之处在于‘代替’这一概念。每一种ADR 程序都是对法院判决的一种代替。”美国的一些学者认为:对于什么叫“替代性纠纷解决方式——ADR”并没有固定的定义。ADR 这个术语涵盖解决纠纷过程中一个广阔的领域，在这个领域内除了每种方法都是相对于诉讼的另一种选择外，许多方法之间几乎没有什么共同点。[2]另外，史蒂文·苏本、玛格丽特认为：“由纠纷当事人使用一个或多个民事诉讼以外的正式程序和联合和解谈判，以解决纠纷。”[3]

## 二、替代性纠纷解决机制兴起的原因

### （一）民事诉讼在解决民事纠纷上的局限性

必须进一步思考的问题是，在存在正式的、权威的民事纠纷解决方式——民事诉讼的背景下，在为权利而斗争之感召而致的公民权利意识日益觉醒之前提下，何以替代性纠纷解决机制又重新获得各阶层人们的普遍青睐呢？一般认为，替代性纠纷解决机制的新生或者凸显与民事诉讼自身存在的缺陷息息相关，其为一个问题的两个方面。确实，民事诉讼作为一种以国家司法权介入为基本杠杆，以严格、正式的程序为基本道具，以形成有强制效力的裁判为基本手段的民事纠纷解决方式，有最高的权威性以及不依赖双方当事人意志解决纠纷的强制性。同时正式的、以国家权力为核心的民事诉讼还是替代性纠纷解决

[1] 齐树洁、蔡从燕：《非诉讼纠纷解决方式——ADR 制度述评》，载中国律师网，http:// www 2. acla. org. cn/ two/ scrap. php? subject two –id =10 &id =843。转引自刘晓红：《构建中国本土化ADR 制度的思考》，载《河北法学》2007年第2期，第37页。

[2] [美]克丽斯蒂娜·沃波鲁格（Christine D Ver Ploug）：《替代诉讼的纠纷解决方式（ADR）》，载《河北法学》1998年第1期。

[3] [美]史蒂文·苏本、玛格丽特：《美国民事诉讼的真谛》，蔡彦敏等译，法律出版社2002年版，第205页。

机制，或者其他诉讼外的纠纷解决机制的坚强的后盾，于诉讼纠纷解决机制无法很好地解决纠纷的情况下，民事诉讼机制必须权威地解决其他纠纷解决机制不能解决的纠纷。这种权威性不仅依赖其含有的国家权力的权威性，还依赖其裁判结果、运行程序的权威性，即其可以通过其公正的运行程序、裁判结果吸收当事人之间的不满，消弭当事人之间的矛盾。民事诉讼此种吸收不满、消弭矛盾、维持社会和谐的能力，也反过来维护国家权力的正当性及正常运行。否则当事人即会运用或者寻找国家正式纠纷解决途径以外的其他方式解决自身的纠纷，方式之一即所谓的上访，造成国家机关在职能上的混乱，从而影响国家机关按照其职权划分而进行的良性运行；方式之二即挑战正式的国家权力，这种对国家正式权力的挑战在传统社会中发生得比较频繁，也比较明显，可以说整个一部水浒传几乎全部是关于挑战国家正式权力的传奇故事。不过，民事诉讼在解决民事纠纷方面也有其局限性，这主要表现在以下几个方面：

1. 民事诉讼解决纠纷的成本高昂

成本因素是司法制度设计过程中必须考量的因素。现代司法制度设计是以理性人、经济人为前提的，作为理性人、经济人，当事人在民事诉讼过程中，除考量判决的结果、判决的质量之外，还常常考量诉讼的成本与诉讼收益之间的关系，并在诉讼成本高于诉讼收益，即诉讼行为不能产生诉讼效益的背景下，放弃对民事诉讼的适用。正是在此意义上，现代民事司法制度的改革者，现代民事司法制度的研究者，均认为成本因素必须成为影响现代司法制度改革的重要因素。在他们看来，“一个制度只是努力达到判决的正确性是不够的，它还必须使那些希望实现或保护自己权利的所有人都有机会。因此，获得正义/进入司法是所有文明社会所承认的民权或宪法权利”。[1]民事诉讼在解决纠纷中的高成本体现在两个方面：一是相对高昂的诉讼费用。民事诉讼中的诉讼费用包括两个部分，一部分是当事人因为提起诉讼而必须向国家缴纳的规费，这样

[1] [英]阿德里安 A.S.朱克曼：《危机中的司法/正义：民事程序的比较维度》，载[英]阿德里安 A.S. 朱克曼主编：《危机中的民事司法》，傅郁林等译，中国政法大学出版社2005年版，第8页。

的规费在我们国家被称为“案件受理费”。当然，很多西方国家推行国家福利原则，当事人向法院起诉可以不用向法院缴纳这种国家规费性质的诉讼费用。另一部分诉讼费用则是当事人为进行诉讼的支出。此种诉讼支出，既包括当事人实施诉讼行为所致的诉讼消耗，还包括向其诉讼代理人支付的代理费。必须注意，随着现代诉讼程序的复杂化，以及所解决的民事纠纷的专业化、精细化，由精通法律知识的律师代理当事人进行诉讼已成为现代民事诉讼的必然趋势。这种情况在采判例法的英美法系国家和地区更加明显，因为当事人为取得胜诉判决，必须在浩瀚的判例中找寻对自己案件有利的判例，并以之说明自己诉讼请求或者抗辩的合理性，以及其他判例在本案中的非适用性。此种艰苦、细致、专业化的工作，仅以当事人自身之力难竟其功。为顺应此种专业化之趋势，部分西方国家的民事诉讼还采取了严格的强制律师代理主义，按之，只有经过律师代理的民事起诉，才符合起诉条件，有律师代理的当事人才是民事诉讼中适格的当事人。不过在享受律师提供的专业化、职业化服务的同时，当事人必须支付相对高昂的律师费。在美国通常的律师收费方式是按小时收费，一位曾经在美国律师事务所工作过的律师对美国按小时收取律师费的收费标准有比较精确的描述。这里摘录如下：[1]

美国律师的身价各有不同：地区不同，收费不同；经验不同，收费也不同；律师楼规模大小，收费也不一样。他们的身价区别很大：从每小时50美元到1000美元之间。根据美国律师协会的统计，全国的平均收费是每小时284美元；美国东北部的平均收费是每小时319美元；西部收费是每小时296美元；中部收费是每小时264美元。如果只有10名律师以下的律师楼，平均收费是每小时262美元，大律师楼（超过150名律师），平均每小时收费是333美元。而律师助理所花的时间也要计算在内，每小时从50美元到100美元之间，有些甚至150美元。

一般来说，除英国等少数国家之外，当事人支付给律师的律师费以及其

[1] 快乐的艺艺：《美国律师如何收费》，载http://blog.sina.com.cn/s/blog_5d81e94601017xle.html，访问时间：2015年9月15日。

他的诉讼成本不能作为自己的损失要求败诉方当事人赔偿，这种诉讼成本分担制度在一定程度上增加了诉讼成本对当事人实施诉讼行为、选择诉讼方式的影响。

另一个与诉讼成本息息相关的因素是诉讼时间。通常来说，诉讼时间与诉讼成本是一种正相关关系，即诉讼时间越长，当事人的诉讼投入越多，诉讼效益越低。时间的延长除了直接透过诉讼成本影响诉讼效益之外，其还直接影响判决的实际效用，使判决对当事人的意义随着时间的延长而降低，并在特定的时间到来时丧失其全部意义。“时间会侵蚀判决的效用，无论该判决正确与否。随着时间的推移，当拖延的累积跨越某个时点时，拖延就破坏了判决的实用性。……判决的非正义不是因为判决在法律上或事实上不正确，而是因为正确来得太迟了。”[1]通常情况下，当事人即使通过漫长的诉讼或者马拉松式的诉讼获得了胜诉判决，其也不会有非常强烈的幸福感和满足感，相反，更多的是身心疲惫、心力交瘁。而且在特定的情况下，胜诉的判决可能完全失去意义，或者失去对当事人的意义，如当事人死亡以后的赔礼道歉、恢复名誉等。学者将此种判决意义随着时间降低或者减少的情况称为“拖延的增点效”，“当拖延的效果增加致使过时的救济无效时，我们可以称这种拖延为拖延的增点效，意即拖延的失效性随救济超过时间的长度而增加”。[2]

统计表明民事诉讼的周期相对较长。在英国，民事诉讼的审理时间包括两个部分或者两个阶段：第一个阶段是从提起诉讼到登记庭审的阶段，主要由当事人对案件进行准备，因此又称为“案件准备阶段”。在适用自动指示的情况下，即当事人没有认为自己已经准备充分并提前要求登记的情况下，指示所允

[1] ［英］阿德里安 A.S.朱克曼：《危机中的司法/正义：民事程序的比较维度》，载［英］阿德里安 A.S.朱克曼主编《危机中的民事司法》，傅郁林等译，中国政法大学出版社2005年版，第6页。

[2] ［英］阿德里安 A.S.朱克曼：《危机中的司法/正义：民事程序的比较维度》，载阿德里安 A.S.朱克曼主编：《危机中的民事司法》，傅郁林等译，中国政法大学出版社2005年版，第6页。

许的准备时间只有6个月。但实践中，当事人的准备时间远超过这样的时间限制。实践中当事人在郡法院准备或者等待的时间是法律规定时间的6倍还多，法律规定的原告自诉答程序结束后，如果15个月以内不申请庭审，则自动删除案件。据此，准备阶段即可以达至15个月。第二个阶段是庭审阶段。在英国由于采集中审理主义，庭审阶段相对要短得多，并因此不是诉讼迟延的主要内容或者主要部分。上诉法院审理案件也需要相当的等待时间，1996年，从登记庭审到最快的70%案件的最终处理，平均时间是14个月；最慢的30%的上诉案件花费的时间要长得多。在1996年年末，部分上诉案件的待审时间已经超过5年。[1]在美国，诉讼迟延也是影响民事司法制度之解决民事纠纷的重要因素或者重要问题，为解决这一问题美国律师协会1984年提出或者设计了一个为减少诉讼迟延，法院在审理案件时必须达到的时间目标：90%的案件必须在1年内解决，并且所有的案件应该在2年内解决。事实上，美国法院在践行这一要求方面仍有巨大的差别，1991年对39个州初审法院的调查显示：没有任何一个法院能够满足其中的任何一个标准，在其中的12个法院中，至少有90%的案件在起诉后2年内结案，同时这12个法院中有1个法院只有1%的案件是长达2年的。同时，在3个法院中，超过50%的案件持续超过2年仍没有审结，在这3个法院中，其中的1个法院96%的案件不能在1年内结案。[2]

大陆法系国家和地区的情况也不乐观。在日本，地区法院一审案件的审理期限从1988年到1997年，每年的平均审理期限为10~15个月，简易法院同期审理案件的平均期限为3~4个月；1997年从地区法院上诉至高级法院进行第二次审理的时间平均是9.9个月，法院进行第三次审理的时间是7.6个月。1997年，

[1] [英]保罗·米凯利克：《英格兰和威尔士的司法危机》，载[英]阿德里安 A.S.朱克曼主编：《危机中的民事司法》，傅郁林等译，中国政法大学出版社2005年版，第133~137页。

[2] [英]理查德 L. 马库斯：《诉讼超级大国的恐慌》，载[英]阿德里安 A.S. 朱克曼主编：《危机中的民事司法》，傅郁林等译，中国政法大学出版社2005年版，第85~86页。

从高级法院到最高法院上诉的案件，平均审理时间是9.5个月。[1]法国同样存在着广泛的诉讼迟延的情况，司法统计的数据表明，一审法院从就案件争点进行的全面听审到作出判决所经历的平均时间都很长，而且具有进一步延长的趋势。具体来说，就是小额法院的案件从全面听审到作出判决的平均时间，在1991年为4.5个月，在1996年为5个月；农业租赁法院案件的审理期限在1991年是8.3个月，1995年则增加为9.6个月；而劳动法院案件的平均审理期限在同期从9.2个月延长到10.1个月。虽然大审法院的平均审理期限在表面上有缩短的迹象，从1991年的10个月到1996年的8.9个月，不过这样的数字没有反映出大审法院审理案件期限的实际情况。因为自1991年以来，大审法院审理的案件大都包含紧急救济程序，而紧急救济程序的时间是包含在审理期间内的，并作为另外的统计内容。事实上，大审法院中的紧急程序有着明显的延长的现象，而且这种现象在所有的大审法院都可以观察到。小审法院从1.6个月增加到1.8个月，劳动法院从1.1个月延长至1.4个月等。

2. 民事诉讼程序和民事诉讼结果均具有较大的刚性

民事诉讼是由作为国家司法机关的法院介入民事纠纷的解决，并以国家强制力强制性地解决当事人之间的民事纠纷的一种纠纷解决方式。不以当事人的意志为转移的强制性纠纷解决是民事诉讼的重要特点，学者将之概括为民事诉讼法律关系体现了非常强烈的国家权力属性，民事诉讼法长期以来也被作为公法对待。强制性解决最终形成具有约束力的终局判决，这样的判决不以当事人的意志为转移，不受当事人满意与否的影响。理论上和实践中出现的情况常常是法院所认可的正义、作出的正义，与当事人主观期待的正义存在非常大的差异。这种差异常导致当事人对法院判决的异议和判决的实际执行难，学者的研究也表明判决的结果甚至判决的形式本身与其能否被自动履行有密切关系。“通常，如果当事人信服执行根据，其自愿履行判决的可能性就大；如果当事

[1] [日]长谷部由纪子：《民事司法改革：接近司法·成本·效率—日本的视角》，载[英]阿德里安 A.S.朱克曼主编：《危机中的民事司法》，傅郁林等译，中国政法大学出版社2005年版，第244~247页。

人不信服执行根据，就会想方设法对抗执行。可见，一份高质量的执行根据具有重要的意义。”[1]相比而言，法院调解制作的调解书由于是在双方当事人自愿协商的基础上形成的，所以，一般情况下，对于调解书所确定的义务，当事人都能够自动履行。当然，在近些年来出现了许多当事人申请执行法院调解书的案件，而且当事人申请执行法院调解书的案件在调解结案的案件中占有相当的比例。青海省同仁县法院2010年1月至2013年12月，调解结案的502件案件中，其中依据调解书申请执行的调解案件为197件，民事调解案件申请执行的比例为39%。而在同期新受理的案件中，调解结案的案件进入执行程序的概率更大。青海省同仁县法院2011年1月至2013年12月，执行新受理案件210件，依据调解书申请执行高达101件，调解书申请执行案件占执行受理案件的48%。[2]这种情况并不是说法院调解书相对于法院判决书更难获得当事人的自动履行，而恰恰从另一个方面说明法院强制性的案件处理，导致当事人抵触此种处理结果，并表现为履行上的消极配合或者拒绝配合，最终导致需要依靠执行程序的案件增加。申请法院执行调解书的案件增加，表明法院在调解的过程中没有很好地尊重当事人的处分权，存在过分依赖调解、追求调解率背景下的强制调解。强制的、非自愿的调解虽具有法院调解的形式，但其在不考虑当事人意志上，在借助法院的强制性权力上具有共同的内容。在实务部门工作的实务工作人员的调查也得出了类似的结论，在他们看来，审判评价中对调解的偏重或者倚重，增加了“强制性”的法院调解概率，并因此增加了当事人自觉履行义务的主观难度。

在法院作出的裁判与当事人期待的案件处理结果之间相背离的情况下，当事人也可能从服从法院的权威之角度，勉强地履行法院判决书所规定的义务，但当事人此时的判决义务的履行与其对法院判决的信任、对法院司法权力的信

[1] 郑世保：《民事判决执行难的原因分析》，载《郑州轻工业学院学报》（社会科学版）2012年第3期，第54页。

[2] 马萍：《关于调解结案后申请执行的调研报告》，载http://qhfy.chinacourt.org/public/detail.php?id=9361，访问时间：2015年9月15日。

任没有任何关系。此时，当事人在其内心所想到的可能不是法院裁判结果的正当与否，而是有可能产生对司法制度、国家法治的怀疑，并在最终的结果上不是培养其权利意识、法治观念，而是消弭其权利意识、法治观念。长远而言不利于我们国家正在进行的法治国家之建构。

还应当进一步看到在各国的民事诉讼制度中，存在许多影响案件实体公正的因素，如案件的审期、举证时限制度、证明标准制度、司法被动原则、司法中立原则等。当然，此局限性不仅存在于民事诉讼这样的正式的纠纷解决机制当中，也存在于替代性纠纷解决机制中，但由于民事诉讼存在非常严格的程序限制，其因之更加强调当事人在程序中的主体地位，以及此种主体地位之下的诉讼行为的实施、诉讼结果的承担。事实上，在许多国家的民事诉讼制度设计中，与其说更加重视案件处理结果的公正性，不如说更加重视在程序上给予当事人平等的机会上，即更加重视程序公正。必须给予当事人平等的机会，保障程序的公平、公正，确实是非常必要的，只有这样，民事诉讼才有可能不仅是公正的，而且是当事人切实感受到的公正。不过，仅仅给予当事人平等的机会，事实上只是程序设计的第一步，或者说，单纯地依靠这样的程序平等无法保障实体结果的实现。“绝大多数——如果不是全部——程序要求都关注对于判决结果正确性的保障，包括程序正义的要求。像受听审的权利、受中立的法庭审判的权利之类的措施都是根据判决的正确性需要设置的。”[1]因为，现实中的当事人并非是民事诉讼制度设计者所设计的理想的当事人，这种理想当事人理性、全面，不仅能够理性地判断诉讼行为的性质、后果、诉讼态势，而且可以不受情绪干扰地实施诉讼行为。这种理性当事人不仅从自己一方来看，知识上是全能的、精神上是冷静的，而且双方当事人之间的力量对比也是势均力敌的。绝不会存在一方当事人拥有相对于对方当事人的优势地位之情形，任何一方也不可能利用这样的优势对民事诉讼的进行施加不利的影响。不过，理

---

[1] [英]阿德里安 A.S.朱克曼：《危机中的司法/正义：民事程序的比较维度》，载[英]阿德里安 A.S.朱克曼主编：《危机中的民事司法》，傅郁林等译，中国政法大学出版社2005年版，第5页。

想很丰满，现实很骨感。现实中的当事人不仅可能不是全能的、理性的，他们甚至缺乏基本的法律常识，无法理解实体法与程序法中最基本的概念和最基本的制度，所以，即使给予他们充分的、平等的程序机会，以保障其实施诉讼行为，其也可能无法按照助长其利益实现的方式实施诉讼行为，甚至有些明显的对其有利的诉讼行为，却由于其知识之欠缺，而丧失了实施该行为的机会。而且，当事人之间的地位也常常是不平等的，为此常常出现一方当事人利用自身之优势错误地、不当地获取程序利益的情况。概括来说，单纯地强调当事人之间的平等地位，以及此种平等地位下的诉讼主体责任，即自主选择实施诉讼行为，自主承担程序后果的责任，这种责任也被学者称为当事人的“自我责任”。在当事人的诉讼能力不足或处于非理想状态的情况下，单纯地强调此种当事人的自我责任，无异于拒绝给予当事人司法救济，拒绝当事人的正义之追求。“当事人的自我责任涉及如何确定当事人与法官在诉讼中的职责，在一定意义上，这两个诉讼主体之间的职责存在着此消彼长的关系。越是强调当事人的自我责任，法官在诉讼中所负的责任就越轻，而当事人的自我责任越重，法官所负的责任就越轻。在当事人的诉讼能力相当弱的情况下，一味强调当事人的自我责任，其结果无异于法院拒绝向当事人提供司法救济。”[1]

3. 民事诉讼对民事纠纷的解决还有相当大的局限性，无法实现民事纠纷的彻底解决和当事人之间和谐关系的恢复

一方面，现代民事诉讼所解决的对象都是特定的民事纠纷或者是特定的民事案件。此种特定的民事案件在大陆法系国家和地区被称为特定的诉讼标的，在英美法系国家称为特定的诉因。从我们国家的情况来看，民事诉讼解决的特定诉讼标的，是以特定民事实体法规制的当事人的民事实体权利请求，或者称

[1] 李浩：《民事诉讼中当事人的自我责任》，载《法学研究》2010年第3期，第129页。

为当事人之间的特定的民事实体法律关系。[1]一个特定的、具体的民事实体法

[1] 民事诉讼标的理论有其历史沿革的过程，最早的民事诉讼标的理论被称为“旧实体法说”的民事诉讼标的理论，其认为民事诉讼标的就是当事人之间争议的诉诸法院要求法院解决的民事实体法律关系。“旧实体法说”的诉讼标的理论的最大优点是其在实践中比较容易识别诉讼标的，便于法院的操作。其缺点在于难以解决实践中常常出现的请求权竞合问题，也就是说，如果当事人争议的案件事实同时在当事人之间引发了两个以上的法律关系，或者当事人提出的诉讼请求有两个以上的实体法律依据，此时，按照“旧实体法说”的诉讼标的理论，当事人之间可能存在两个或者多个诉讼，其依据一个法律关系获得胜诉以后还可以另外提出诉讼。此种情况不仅导致了当事人之间实体上的不公平，而且还极大地浪费了司法资源。“旧实体法说”的诉讼标的理论的缺陷在形成诉讼中也有所体现。通常某一具体的法律事实即可以导致形成权的产生，不过实践中，常常出现多个法律事实或者一般的事实均可以导致形成权产生的现象。此时，按照“旧实体法说”的诉讼标的理论，当事人可以多次提起形成权诉讼，这样的情况不仅与司法实践中可能发生的情况不相吻合，也会导致司法资源的浪费。认识到“旧实体法说”的诉讼标的理论的不足，并在批判这种不足的基础上形成了“诉讼法说”的诉讼标的理论。最早的“诉讼法说”的诉讼标的理论，被称为“一分肢说”的诉讼标的理论，按之，当事人一方向对方提出的诉讼请求就是案件的诉讼标的，当事人之间存在一个诉讼请求，则案件即有一个诉讼标的，如果当事人之间存在两个以上的诉讼请求，则当事人的案件即有两个或者多个诉讼标的。其在解决“旧实体法说”的诉讼标的理论无法解决的难题—请求权竞合问题的同时，面临的难以解决的新问题是，其无法解决诉的特定化。具体来说，在实践中当事人之间常存在多个相同的诉讼请求，这些请求分别依据不同的法律事实或者不同的事实产生，在当事人仅向法院提出诉讼请求的情况下，法院无法确定当事人要求法院裁判的诉讼请求是何种诉讼请求，因之，无法实现诉讼标的特定化。在这样的情况下，“新诉讼法说”的诉讼标的理论产生了，其认为诉讼标的是当事人向对方当事人提出的以特定的法律事实为基础的诉讼请求，如此，如果当事人之间的诉讼请求和作为该请求依据的法律事实均为单一的情况下，则当事人之间的诉讼标的为单一的诉讼标的；反之，如果当事人之间的诉讼请求和作为诉讼请求的依据中任何一项为两个以上的话，则当事人之间的诉讼标的即为两个以上的诉讼标的。这种诉讼标的理论被称为“二分肢说”的诉讼标的理论。当然，“二分肢说”的诉讼标的理论仍有诸多问题，其既无法解决当事人之间存在同一诉讼请求和多个案件事实时的诉讼标的的确定问题，也无法解决形成权诉讼中诉讼标的的特点及司法资源的节约问题。关于诉讼标的理论，具体可参见李龙著：《民事诉讼标的理论研究》，法律出版社2001年版。

律关系，构成一个诉讼标的和一个民事诉讼案件，诉讼标的的特定性，也决定了诉讼案由的特定性。如果当事人之间存在多个民事实体法律关系争议，则认为在当事人之间存在多个民事案件，法院应当分别审理之。只有在案件存在一定的牵连关系，并符合其他诉的合并条件的情况下，法院才能合并审理当事人之间的多个案件。

同时当事人之间的法律争议发生虽然最直观地表现为当事人之间的民事实体权利与民事实体义务争议，但其实其背后往往含有非常复杂的非法律的争议，这些非法律的因素可能是道德上的、习惯上的、政治上的，有些甚至是因为其他的经济因素。非法律因素对当事人之间民事纠纷的影响在熟人社会以及熟人之间表现得更为明显，熟人社会中的社会主体，在长期的社会生活中，既有可能形成非常和谐的、相互帮助的社会关系，也有可能会在社会交往的过程中，有这样或者那样的摩擦，并形成了这样或者那样的矛盾。当事人之间的特定民事纠纷的发生，常常是长期以来积累的矛盾的结果，又成为当事人之间矛盾激化、表面化的最直接的导火索。因此，当事人之间纠纷或者矛盾的彻底解决以及当事人之间的和谐关系的恢复，不能仅仅关注于作为当事人之间矛盾表象的具体的民事法律关系纠纷，而应当在解决当事人之间民事法律关系纠纷的同时，探究当事人法律纠纷背后的非法律因素，以标本兼治的方法彻底解决当事人之间的纠纷。其实，这种不局限于当事人之间的具体争点，而将与当事人纠纷相关的其他因素均纳入裁判者的视野的做法，在中国传统的司法审判上即已存在，并已经成为中国传统法律文化的重要组成部分。这种不局限于具体法律争点的审判案例，在中国传统司法审判中非常多。例如，清代马光祖审理的一起男女和奸案，[1]基本案情是一穷书生翻墙与邻人家的处女幽会，被发觉后，女方家人将其捆送官府。马县令命书生以“逾墙楼处子”为题作诗。书生瞬间成诗，诗歌内容如下：

花柳平生债 风流一断愁 逾墙乘兴下 处子有心楼 谢砌应潜越

[1] 案例转引自范忠信、郑定、詹学农：《情理法与中国人》，中国人民大学出版社1992年版，第233页。

安香计暗偷　有情还爱欲　无语强娇羞　不负秦楼约　安知漳狱囚
玉颜丽如此　何用读书求

马光祖认为男女双方虽然构成了和奸罪，但书生才高八斗，女方漂亮温柔，遂判决免除双方的刑事责任，并判令双方结为夫妻。马光祖同时送给书生三百两银子，以协助其完婚。对于以上判决马光祖以填词的形式写了如下判词：

多情爱，还了半生花柳债，好个檀郎，室女为妻也不妨。杰才高作，聊赠青蚨三百索；烛影摇红，记取媒人是马公。

学者将中国传统司法审判中裁判者不局限于个案中的具体争点，甚至刻意模糊案件中的具体争点的“做法”称为“糅杂”。“模糊个案争议中的具体争点，而把一切有关的社会背景都收入视野。”[1]

正是基于社会关系的复杂性以及民事法律关系与其他关系的牵连性之考量，近年来，为追求当事人纠纷的彻底解决，追求当事人之间纠纷解决的法律效果与社会效果的统一，我国司法机关逐渐改变了一度在司法中作为主流做法的消极司法，并趋向于能动司法。当然，一般理解能动司法不能冲击或者影响当事人的诉讼地位，并主要表现在裁判者利用自身的专业知识优势，协助或者指导当事人正确地行使诉讼权利、履行诉讼义务，指导当事人适时地实施诉讼行为。而诉讼行为实施的最终决定权仍由当事人掌握，并在当事人自主判断的基础上决定诉讼行为的实施与否。不过，在我们看来，能动性司法之运行和实践应当继承中国传统法律文化中的精髓，强调当事人之间矛盾的彻底解决。如果说，中国传统司法中司法裁判者的能动司法肇因于其爱民如子的父母官思想，则中国新形势下的能动司法应立足于“立党为公、执法为民”的当代中国法官的基本要求。

民事诉讼解决当事人纠纷的另一局限性是纠纷解决的时间视野，总体上现代民事诉讼对当事人纠纷的解决，其解决的对象是当事人之间已经发生的事

[1] 季卫东：《中国法文化的蜕变与内在矛盾》，载米健主编：《比较法学文萃》，法律出版社2002年版，第60页。

实，这种事实是既往的、历史的，在具体的诉讼过程中是不可能再现的。民事诉讼的历史性既决定了诉讼证明的必要性，也体现了诉讼证明与历史证明在一定程度上的相似性。不过，民事诉讼的这种历史性的时间视野，却对当事人之间未来关系的处理缺乏关注，或者说，这种历史性的方法不能指引当事人将来的生活关系。而恰恰很多熟人之间的纠纷，特别是因为当事人之间的身份关系发生的人身权利侵害纠纷，与其说当事人关注其间的历史关系，不如说当事人更加关心其将来的社会关系的处理。基于此，有相当数量的学者开始怀念传统司法，在西方则是怀念中世纪的神示裁判制度。"神示裁判中的裁判是面向未来的，一旦上帝作出了有利于被试的判决，判决即赋予其一个全新的法律状态，而不是使其过去的行为因之有效。由于判决仅是对当下法律状态的判断，即使判决中的当事人不能主张其之前无罪，也不影响其法律状态。现代法庭中的人类正义是后视的，是基于对发生事实之主张的确信所做的宣示，而中世纪审判中上帝的正义是面向未来的，宣示了被审人员的全新的法律状态。"[1]另外，也确实有相当多的学者在认真研究传统的面向未来的诉讼证明方式的合理性。例如，有学者经过研究认为在中世纪中东地区，整个裁判过程不是关注既往的案件事实，而是关注具有普遍性的"世界观念"或者说大众伦理，关注社会群体共同的生活模式能否在将来得到维护。裁判者"关注的重点不是规则，也不是事件，而是尼尔森所说的世界观念（world versions）和他人所谓的生活模式（forms of life）认知（epistemic ）感觉关联或者认知系统（noetic systems），似乎存在于杂乱的事实与业经思考的判决之间，何谓实然与何谓应然之间的论证过程，就变成了存在于两种语言之间的论证，一种是具有普遍一致性的语言，另一种是具有具体结论的语言"。[2]在进入如此论证和研究的学者看来，与这种司法追求相吻合的司法证明更加关注的不是书面证词，而是口头证人。这样的"证人以良好的道德品质来证明证据的真实性，也担保当事人在将来可以按照人类共同的生活模式处理将来的社会关系。被涉及的书面材料

[1] H.L.HO. The Legitimacy of Medieval Proof. Journal of Law and Religion. Vol.9.P.283.

[2] 梁志平著：《法律的文化解释》，北京三联书店1998年版，第95页。

本身并不被看作是法律证据，而被看作是在有高尚道德的证人在场时一人对另一人所说的话的书面记录，现在这些国家接受了书证，但是不太情愿，他们依旧认为书面证据的价值在很大程度上源于该证据提供者的道德品质，是提供者赋予了证据的真实性。”[1]

正是考虑到现代民事司法的历史维度以及在调整当事人之间关系上的时间局限性，学者以及司法实务工作者提出了建设恢复性司法的希望或者目标。在他们看来“作为一种替代性刑事司法范式，恢复性司法旨在修复犯罪给被害人、社区以及犯罪者本人的创伤，它以加害者和被害人之间的补偿性协商为基点，以被告人回归社会为终点”。[2]此种恢复性司法的优点主要表现在五个方面：（1）保护被害人的合法权益；（2）有利于矫正犯罪，实现社会和谐；（3）修复被破坏了的社区关系；（4）多元化地解决纠纷；（5）节约办案经费，减少司法资源的浪费。[3]

4. 民事诉讼之对民事纠纷的一元化解决常影响分配正义的目标实现

分配正义的概念或者理念是相对于个案正义而言的，个案正义，是指案件经过法院的审理最终按照案件事实的本来面目，按照法律的严格规定予以处理。“在所有的程序制度中，实现正义都意味着双方当事人在法庭面前获得他们按照法律应得的判决。于是，法庭要实现正义，就必须确定真实的事实并据此正确地适用法律。”[4]在通常情况下，个案正义的实现与法院在解决某一个

[1] 梁志平著：《法律的文化解释》，北京三联书店1998年版，第102页。

[2] 吴丹红：《恢复性司法初探》，载陈光中、江伟主编：《诉讼法论丛》，法律出版社2004年版。转引自http://article.chinalawinfo.com/ArticleHtml/Article_24589.shtml，访问时间：2015年9月16日。

[3] 吴丹红：《恢复性司法初探》，载陈光中、江伟主编：《诉讼法论丛》，法律出版社2004年版。转引自http://article.chinalawinfo.com/ArticleHtml/Article_24589.shtml，访问时间：2015年9月16日。

[4] [英]阿德里安 A.S.朱克曼：《危机中的司法/正义：民事程序的比较维度》，载[英]阿德里安 A.S.朱克曼主编：《危机中的民事司法》，傅郁林等译，中国政法大学出版社2005年版，第4页。

具体案件上的人、财、物的投入呈正相关关系，一般而言，法院在具体案件中用的时间越长，投入的人、财、物越多，发现案件事实本来面目的可能性就越大，越会使具体案件的解决接近实质正义。当然，这并非不存在例外，详细地说，在某些特殊的情况下，法院对案件投入的时间过多，案件解决拖延的过长也有可能影响准确的裁判结果的获得。在这样的情况下，证人的记忆可能由于时间的延长而衰退，物证以及其他的痕迹证据可能在时间的消耗中，因为自然的力量而消失，或者在一定程度上失去其准确性，审理案件的裁判者也可能因为拖拖沓沓的审理节奏，而对案件本身失去了新鲜感，并在这样的基础上失去了对案件事实的敏锐的洞察力以及创造性解决该纠纷的创新能力。但总体来说，或者在一定的限度内，法院的投入与个案正义实现的正相关关系是没有任何问题的。

追求个案正义长期以来是中外民事诉讼的基本理念或者说基本的哲学指导思想，这也被学者称为旧的哲学思想。按照该哲学，“法院的功能是就实质问题进行司法/实施正义，亦即根据真实的事实和正确的法律而不是按照程序性的依据来判决案件。……就实质问题进行司法/实施正义的方法却是凌驾于所有其他的程序安排之上的，他们认为根据与程序规则不相符的理由而驳回一项请求或者防御是不适当的，因此，无论一方当事人如何不理会程序要求，也无论该当事人在多晚的时间履行了程序义务，法庭都会为了就其真正的实质问题作出判决而原谅这一缺陷”。[1]

这样的哲学在相当长的历史时期内不仅有其市场，而且也有其合理性或者时代正当性。与实体正义哲学相符合的或者作为实体正义哲学之基础的时代，其明显的特征是案件数量相对较少，法院包括审判人员在内的审判资源与社会需要的社会资源之间的紧张关系尚不明显。在这样的背景下，法院有充裕的时间和丰富的资源投入到个案的纠纷解决中来。当然，案件的数量和一个地区的

[1] ［英］阿德里安 A.S.朱克曼：《危机中的司法/正义：民事程序的比较维度》，载［英］阿德里安 A.S.朱克曼主编：《危机中的民事司法》，傅郁林等译，中国政法大学出版社2005年版，第15页。

人口数量以及经济发展程度是密不可分的关系，一般来说，人口越多、经济发展的程度越高，则当事人之间的纠纷也越多，诉诸法院要求解决的民事诉讼案件相对也比较多。例如，在中国清代以前人口相对比较少，但到了清代人口增加非常快，经济发展也非常快，在中国南方许多地方已经初步出现了市场经济的萌芽。在人口上，从1741年到1851年的110年间，人口由原来的1.4亿增加为4.3亿，增加了2.9亿人口。[1]与之相对应，中国传统的民事司法资源却相对短缺，不仅没有专门的民事裁判机关，采取司法与行政合一、民刑合一的机制，而且传统司法还没有现代司法中的既判力概念，虽然没有现代的上诉制度，但是当事人可以逐级或者越级向上级衙门上访，上级衙门也可以定期或者不定期地，以这样或者那样的方式，检查下级衙门的案件审理情况，并对办案存在问题的行政首脑追究其司法责任。为解决这样的矛盾，官府一方面强化宗族在解决纠纷、化解矛盾中的作用，强化宗族调解。学者邓建鹏经过对清代部分县府诉状的研究得出结论说："大部分诉状表明，知县受理民事案件前一般要求当事人自邀族众调解，作为案件受理的必经前置程序。"[2]为强调族众调解的权威性，一般情况下，清代官府均认可族众调解的结果，并以此作为族众调解的正式国家权力支柱。清代樊增祥在审理陕西秦中县某一文官的遗孀诉亡夫前妻之子的分家析产案中，所写的判词也能说明这样的做法。该判词反映的判决是驳回了原告的起诉，要求原告邀族众调解案件。判词内容如下：[3]

士族涉讼，且系男女涉讼，男女而又系母子涉讼。此等官司，本县不忍问也。既称吕、宋二人多次管说，便可毋庸过堂，致伤颜面。……该氏族孀夫跪堂，大不好看。伊即不为现在之子顾声明，亦当为已故之夫留体面。

另一方面官府则采用抑讼或者贱讼的思想教化民众，以使普通民众认为打

[1] 沈大明著：《大清律例与清代的社会控制》，上海人民出版社2007年版，第195页。

[2] 邓建鹏：《清代州县讼案的裁判方式研究》，载http://www.civil law.com.cn/article/default.asp? id=348330，访问时间：2010年10月15日。

[3] 樊增祥的判词转引自范忠信、郑定、詹学农著：《情理法与中国人》，中国人民大学出版社1992年版，第175页。

官司、见官府是丢人的事情、没面子的事情。贱讼或者抑讼的思想一直是中国传统司法中的主流思想意识形态，不过到明清时期，特别是明朝时期更加明显。学者认为官府抑讼或者贱讼的主要原因是司法资源不足，“官府压抑，主要是因为人力、财力的限制，资源不足，一般的案件很难进入正式的司法场域”。[1]如果说明朝及其以前的抑讼或者贱讼还没有引起消极后果的话，则由于清代人口的增加、纠纷的增多，过分地抑讼与片面地依赖族众调解造成的消极后果非常明显，这样的消极后果即是当事人不诉诸官府解决，而采取报复等私力救济的方式，严重影响社会和谐。清人评价这样的消极后果如下：[2]

窍照听讼，乃无讼之基，积案即兴讼之渐。民间雀角细故，有司随时听断，别其曲直，则贪懦有所芘而足以自立，凶强有所惮而不敢滋事。若经年累月，奔走呼号，有司置之不理，是始既受于民，终更受累于官。则其憾无所释，构怨泄愤，于是纠众械斗者，有乘危抢劫者，有要路仇杀者，有匿名倾陷者，并有习见有司疲玩，不以告官，径寻报复者。此皆以积压小案而酿成大狱，并使人心风俗日趋刁悍之是在情形也。

必须注意的是，可以使重实体正义的旧哲学获得正当性的时代已经发生了变化，并有必要以全新的哲学代替实体正义之哲学。这种全新的哲学被称为分配正义，按之，国家的司法体制应当给予所有需要司法救助的国民与其案件相适应的司法救济，保障司法资源在国民之间的合理配置。坚持分配正义之哲学的人们已经发现，“高额的而且无法预计的成本会阻碍不满的当事人向法院寻求权利保护。即使那些能够启动诉讼程序的人也会被迫在获得一个自己不喜欢的和解协议后撤回诉讼，因为诉讼的高额成本使富有的当事人得以强迫贫穷的对手接受妥协方案，而这种妥协方案主要不是根据实质问题作出的指示，而是

[1] 徐忠明：《小事闹大与大事化小：解读一份清代民事调解的法庭记录》，载《法制与社会发展》2004年第6期，第8页。

[2] 转引自邓建鹏：《清代州县讼案的裁判方式研究》，载http://www.civil law.com.cn/article/default.asp? id=348330，访问时间：2010年10月15日。

根据穷人可以支付昂贵诉讼的财力决定的”。[1]

分配正义的哲学出现的现实基础是司法资源的短缺与案件急剧增长之间的不可调和矛盾，或者说短缺的司法资源无法全面满足国民对司法的需求，坚持实体正义的哲学会进一步激化这一矛盾。我们这里以美国的情况作一个说明。1993年在美国全国范围内，州法院报道的向法院提起诉讼的案件为14600000件，其中加利福尼亚州的案件数量为1615417件，蒙大拿州的案件为15305件；根据人口比例看，最高的为每10万人口中有20321件民事案件，最低的为每10万人口中有1167件民事案件。下表则在一定程度上反映出法院受理案件的历史变化和动态变化。[2]

| 年份 | 联邦法院受理案件数（件） | 加州法院受理案件数（件） |
|---|---|---|
| 1995 | 239013 | 852772 |
| 1990 | 217879 | 669722 |
| 1980 | 168789 | 532550 |
| 1970 | 87321 | 150638 |
| 1960 | 59284 | 96154 |
| 1950 | 54622 | 46935 |
| 1940 | 34734 | 32337 |

为适应日益增长的民事案件，给予当事人以及国民所需要的司法正义，美国联邦及州采取了诸多方法解决案件急剧增长与司法资源短缺之间的矛盾。方

[1] [英]阿德里安 A.S.朱克曼：《危机中的司法/正义：民事程序的比较维度》，载[英]阿德里安 A.S.朱克曼主编：《危机中的民事司法》，傅郁林等译，中国政法大学出版社2005年版，第15~16页。

[2] [英]理查德 L.马库斯：《诉讼超级大国的恐慌》，载[英]阿德里安 A.S.朱克曼主编：《危机中的民事司法》，傅郁林等译，中国政法大学出版社2005年版，第74~75页。

法之一即增加司法资源的投入，并主要体现为以下两种措施：一是增加法官的数量，在1940年美国共有联邦地区法官191人、联邦上诉法官57人，加利福尼亚州有初审法官162人，上诉法官18人，到1995年，联邦地区法院拥有法官649人，联邦地区法官的数量是1940年的近3.4倍；联邦上诉法官167人，是1940年的近3.3倍；加利福尼亚州拥有初审法官789人，是1940年初审法官数量的4.87倍；上诉法官88人，接近1940年上诉法官数量的5倍。到1995年，在美国全国范围内，拥有一般管辖权的州法院有法官8848位，当然在拥有一般管辖权的州法院中，各州拥有法官的数量不同。多的如伊利诺伊州有法官888位，少的如缅因州，有16位法官。二是增加律师的数量。在美国1951年有律师221605人，平均每695人拥有1名律师，而到了2000年，全国的律师总量是1005842，平均每267人拥有1名律师。律师总量已是1951年的4.54倍，人均拥有量也提高为1951年的2.60倍。

即使投入了大量的司法资源，仍未彻底解决案件急剧增长与司法资源短缺之间的矛盾，不能很好地满足国民对司法的需求。这比较明显地体现在案件的审结率上，详言之，如果案件能够及时结案，当事人的诉讼成本也会相应地减少，因诉讼迟延之对司法正义的耗损也比较小。统计表明司法资源的投入并没有带来结案率的提高：1960年联邦法院受理民事案件48625件，审结案件4979件，案件的审结率为10.23%，到了1997年，联邦法院受理案件的总数是187185件，审结案件6235件，审结率为3.33%。而且审结率一直呈下降趋势，1970年为10.35%，1980年为7.11%，1990年为4.69%。

首先，分配正义的哲学理念包含许多具体的构成要素，作为其前提的认识是接受司法管理的资源或者直接地说司法资源是有限的，就如其他的公共服务资源一样；其次，有限的资源必须在所有需要司法救助的当事人之间，在所有民事案件之间进行公正、合理的分配；最后，司法资源的分配必须考虑具体案件的具体特点，使其获得不多于其应得的司法资源，司法资源对个案的时间、财力上的投资或者投入都必须与该案件的难度、复杂程度、价值、重要性大体上一致。为实现分配正义的理念，司法体制首当其冲的任务或者手段是改革民事诉讼制度，促进民事诉讼效益的最大化，并通过这样的方式实现司法资源的合理配置。[1]另外一个手段即将司法资源配置于那些确实需要司法的案件中，给予确实需要司法救助的国民。对于那些没有必要进入司法场域的案件或者当事人来说，要求当事人采取非司法的方式，即替代性纠纷解决机制解决当事人之间的纠纷。于替代性纠纷解决机制可以解决大量的民事纠纷的情况下，司法所面临的司法资源的短缺与需要司法救助的案件膨胀这样的矛盾即得到较大程度上的缓解。进入司法场域里的民事纠纷可以获得较为充足的司法资源，当事人也可以获得其期盼的正义。为实现这样的案件分流，即使对于某些相对复杂的案件、价值较大的案件、非常重要的案件，司法体制也往往鼓励当事人利用非司法的方式解决纠纷。这样的鼓励多体现在国外所设立的法院附设调解制度中，按之，即使已经起诉到法院的案件，法院也鼓励当事人先行到附设调解中心予以调解，调解不成的，再进入民事诉讼程序。

以上诸因素结合在一起促进了替代性纠纷解决机制在现代各国的兴起。继美国最早确立了ADR相关的法律之外，其他各国也逐渐建立或者完善或者重新激活了替代性纠纷解决机制。英国在重新激活传统仲裁模式的基础上，通过了《诉前议定书》，鼓励或者建议当事人在诉讼开始前主动地进行和解、谈判。对替代性纠纷解决机制的重视使澳大利亚不仅继续倚重已经在其国家延续了几十年的法庭外调解，而且也开始重视法庭内部的调解工作，案件进入诉讼程序以后，法院一般也会从法院律师名单中指定一名经验丰富的律师对案件进行案件评估。并最终根据评估的案件作出裁判，或者在当事人拒绝接受案件评估结论的情况下承担必要的风险。

---

[1] 为改革民事诉讼程序《英国民事诉讼法规则》从合理配置司法资源，协调正义、时间、成本三个司法目标的基础上确立了自己的民事诉讼目的：（1）保障当事人诉讼基础平等；（2）节省开支；（3）以一种与下列因素成比例的方式处理纠纷——争议的金额、案件的重要性、争议的复杂程度、各方当事人的财力水平；（4）保障快捷和公平地处理纠纷；（5）适当地配置法院资源，同时考虑向其他案件配置资源的需要。

## 第二节　国外的替代性民事医患纠纷解决机制

为缓解案件急剧增长与司法资源短缺之间的矛盾，替代性纠纷解决机制被现代司法制度予以重视，并被作为实现接近正义的主力军。这样的替代纠纷解决机制也同样被广泛地应用于民事医患纠纷的解决过程中，下面将侧重介绍几个主要西方国家的替代性民事医患纠纷解决机制。

### 一、美国的替代性民事医患纠纷解决机制

1997年秋，美国医学会（American Medical Association）、美国律师协会（American Bar Association）、美国仲裁协会（American Arbitration Association）在芝加哥联合发起并成立了民事医患纠纷解决机制改革的机构，称为“国家医疗纠纷解决委员会”（National Commission on Health Care Dispute Resolution，简称NCHCDR），其目标是在1998年夏季前制定“医疗保健正当程序协议”（Healthcare Due Process Protocol），以推进替代性纠纷解决机制在民事医患纠纷解决中的广泛应用。1998年7月27日该委员会最终完成了协议的起草工作，并报美国医学会、美国律师协会、美国仲裁协会签署生效，替代性纠纷解决机制开始在民事医患纠纷的解决中得到广泛重视。其替代性纠纷解决机制主要包括以下几种形式：

（一）仲裁

仲裁这一替代性纠纷解决机制也是美国仲裁协会最为倡导的替代纠纷解决机制，在“医疗保健正当程序协议”中，这一方式被置于非常重要的位置，美国仲裁协会也通过发布关于民事医患纠纷仲裁的报道以吸引更多的当事人选择

仲裁的方式解决其民事医患纠纷。[1]美国的民事医患纠纷的仲裁模式大体可以划分为三种，即自愿仲裁模式、强制仲裁模式和强制与自愿结合的混合模式。

其一，自愿仲裁模式。自愿仲裁模式相对于强制仲裁模式而言，意即法律并不是强制性地要求当事人必须向其提交仲裁，或者不是采取先裁后审的模式，而是将是否选择仲裁的权利交由当事人。通常情况下，当事人双方必须达成书面的仲裁协议。而且法律禁止将仲裁协议作为向患者提供医疗服务的前提或者附加条件，此种规定一方面是基于仲裁的自愿性而作出的，同时也是对现实医疗服务实践的积极回应。实践中有些医疗集团或者医疗服务机构在为患者提供医疗服务前，要求患者与其签订书面的仲裁协议，否则拒绝为患者提供医疗服务，或者虽然没有明确提出这样的要求，但是利用患者所处的困境作出类似的要求或者意思表示。这并非说纠纷发生前患者与医疗机构或者医疗集团之间签订的所有仲裁协议都是无效的，只要患者在纠纷前与医疗机构签订的仲裁协议是其真实的意思表示，不存在欺诈、胁迫或者乘人之危的嫌疑，即应当认可仲裁协议的自愿性。[2]

不过，在美国的有些州，仲裁协议的自愿性并非表现为双方当事人达成的书面仲裁协议，一方当事人即可以自行向仲裁机构申请仲裁，不同意仲裁的对方当事人，如果在诉讼中败诉，则其除承担不利的诉讼后果之外，还要承担不利的后果，这种不利后果表现为对拒绝仲裁的当事人的经济制裁。佛罗里达州的立法即采取这样的模式，法律允许医患纠纷中的任何一方当事人单方提请评

[1] 美国仲裁协会在一份关于医疗纠纷的报告中公布了两组数据：一组是损害赔偿不超过5万美元的民事医疗纠纷案件，其报告声称仲裁的时间是平均每个案件7个月；另一组是损害赔偿超过10万美元的民事医患纠纷案件，仲裁的时间是平均每件案件为10个月。Overview of Arbitration in California Managed Health Care Plans， Marcus Neito. California Research Bureau. CRB .Note.Vol.4. No.5.P.6.

[2] 在Madden v. Kaiser Foundation Hospitals一案中，原告Madden 先生，接受医院治疗前已经在医疗计划中表明，医疗过失以及一切产生于Kaiser Foundation医院治疗过程中的纠纷将提交仲裁解决。当医疗纠纷发生后，Madden 先生将医院诉诸法院。加利福尼亚州最高法院裁定撤销诉讼，责令原告将案件提交仲裁机构进行仲裁。

判专家组对案件进行仲裁。评判专家组或者仲裁庭由3 名成员组成。行政法官作为首席仲裁员，其他两位仲裁员分别由申请人和被申请人指定。这种自愿仲裁一方面允许当事人自主决定是否将医患纠纷提交仲裁机构仲裁以及是否拒绝对方当事人提起的仲裁申请；另一方面通过风险承担方面的规定，要求当事人慎重行使该单方申请仲裁权。这种申请仲裁或者拒绝仲裁的风险承担表现为，如果被告拒绝申请人的仲裁申请，且申请人在其后的诉讼中胜诉，则申请人将获得额外的经济补偿；[1]反过来也是如此，如果原告拒绝被告提起的仲裁申请，则其虽然可以直接提起诉讼，不过对于该原告而言，其在诉讼中损害赔偿将只局限于金钱赔偿，个案中非金钱赔偿不超过一定数额。[2]

后一种情形的仲裁，虽然仍不失其自愿性，但立法表现出非常明显的倾向性，并期望透过特定的方法激发出当事人双方的自愿性，促使当事人尽可能地选择仲裁的方式来解决其双方之间的医疗纠纷。这样的鼓励方法，除前面提及的对拒绝仲裁而败诉的当事人的制裁外，还有其他的激励措施，例如，赋予当事人选择仲裁方式的时间上的灵活性，或者说规定选择仲裁的弹性时间。一般情况下，仲裁的选择应当在提起诉讼之前进行，一旦开始诉讼程序，则当事人就丧失了选择仲裁的机会。不过，为促进当事人之间的民事医患纠纷尽可能地以仲裁的方式予以解决，有些州的法律规定，当事人可以在诉讼程序进行中的特定阶段重新选择仲裁方式。[3]

其二，强制仲裁模式。按照该模式，当事人之间发生医疗纠纷后，必须先

---

[1] 佛罗里达州规定，如果被告选择进行仲裁，并承认其医疗过失责任，那么作为回报，仲裁裁决将对其承担的非经济损害赔偿作出限制。如果被告拒绝仲裁，一旦在诉讼中败诉，他就要为原告承担诉前费用和律师费，律师费高达损害赔偿费的25%。

[2] 如果原告不接受仲裁而起诉，他胜诉后获得的赔偿费将只限于经济损害赔偿及不超过35 000 美元的非经济损害赔偿。如果原告接受仲裁，并在仲裁中获胜，他将获得经济损害赔偿和不超过25 000 美元的非经济损害赔偿，以及15% 的律师费。

[3] 依据佛蒙特州相关立法规定，当事人可以在证据开示后至案件审理前，以书面形式将争议提交仲裁解决，只要所有当事人都同意进行仲裁。但是，仲裁庭认定的事实和裁决对其后因当事人不服仲裁裁决而提起的诉讼不产生任何效力。

将其案件提交仲裁机构予以仲裁，对仲裁裁决不服的情况下，才能向法院提起诉讼，即采取先裁后审的模式。例如，马萨诸塞州法律规定所有的医疗过失民事诉讼都必须经过一个由法官、律师和医生所组成的仲裁小组先行审查，看是否存在着医疗过失行为或者判断患者的损害是否是由于医疗机构的医疗过失所造成的。如果当事人对仲裁机构的仲裁裁决有异议，则其可以就该民事医患纠纷提起民事诉讼。法院在审理案件过程中可以接受仲裁小组的意见，也可以不接受仲裁机构的仲裁裁决，作出与仲裁裁决完全不同的判断。因此，在强制仲裁模式下，仲裁裁决一般不具有终局性效力，并且仲裁庭认定的事实和裁决对之后提起的诉讼也不产生任何影响。因此，涉案双方当事人如不服仲裁庭作出的裁决，可以向法院提起诉讼，法院将对案件进行重新审理。必须注意，在自愿仲裁模式中，有些州的法律也并不是绝对地许可仲裁裁决的终局效力，而允许不服从仲裁裁决的当事人向法院提出诉讼。不过，与强制仲裁模式不同，自愿仲裁模式下，当事人虽可以向法院起诉，但法院在诉讼中必须采取严格尊重仲裁机构的仲裁裁决的做法。其只能就仲裁庭的组成是否合法、仲裁程序是否正当等程序问题进行审查，不能审查作为仲裁裁决依据的事实问题和实体法律问题。

目前，美国约有20个州的地方法院、10个联邦法院，已采取此种强制仲裁的模式，要求当事人在提起诉讼前必须先行仲裁。[1]

其三，混合模式。此种模式介于强制模式与自愿模式之间，也非鼓励当事人选择仲裁的模式，而是既采取强制仲裁方式，也容许自愿仲裁有存在的空间。质言之，在这一模式中，有些类型的案件采取强制仲裁模式，当事人必须先选择仲裁，然后于不服仲裁裁决的情况下，再提起诉讼；而另外一些案件，选择仲裁与否完全由当事人决定。采取这一仲裁模式的州法院，依据一定的标准来确定医疗纠纷需要强制性仲裁还是可以自愿协议仲裁。以新泽西州为例，依据该州医疗过失侵权法的规定，对于争议标的在20 000 美元以下的医疗事故

[1] Schmidt， Warren H. etc.on Negotiation and Conflict Resolution. Harvard Business Review. Harvard Business School Press through Arts & Licensing International， Inc.，2001.

纠纷，法院要求首先通过仲裁解决，而对于超过20 000 美元诉讼标的额的医疗纠纷，当事人则可以自愿选择以仲裁还是诉讼方式解决纠纷。但是，仲裁裁决不具有约束力，在双方当事人不服仲裁庭作出的仲裁裁决时，可将纠纷诉至法院，原先的仲裁裁决对案件的审理没有任何影响。

（二）模拟审判程序

模拟审判程序总体上来说严格区别于审判程序，其具体的运作过程仍然有赖于当事人双方的处分，以及双方当事人的协商或者说当事人双方对特定的解决方案的接受。其不同于一般当事人和解之处，在于这样的纠纷解决过程中不仅有中立的第三者的介入，从而使纠纷不再表现为当事人自力救济的纠纷解决，而且模拟审判中更多地参照审判程序，这种参照既有裁判者的诉讼程序的借鉴，也有具体运作程序的借鉴。对审判程序的模拟或者参照，可能使中立的第三者提出的解决方案，更类似于法院正式诉讼的处理结果，从而使这样的结果对当事人有更大的可接受性。在美国民事医患纠纷的解决过程中，模拟审判程序主要有以下三种：

1. 微型审理（mini-trial）

这种替代纠纷解决模式同时包含了传统的和解谈判、调解以及法庭裁判等形式。虽然在具体实践中，具体的纠纷解决方式有所不同，但是一般情况下，该程序的参与者包括：争议双方当事人高级管理人员，或者说双方当事人的代表，一位中立的纠纷解决者，其负责纠纷解决建议的提出，以及受聘请的非司法界但精通于纠纷所涉领域的专业人士，其负责解决案件中所涉及的专业问题或者专门问题；只在极少数情况下才有退休法官加入。因此，微型审理之背景下的裁决组织的组成，更加类似于仲裁而非审判。不过这样的审判组织不仅能够反映双方的意志，因为中立的建议提供者以及具有专门知识的非司法人员，均由当事人双方选择，且自己可以选定代表本方利益的管理人员。同时也体现了纠纷解决的专业性，可以说其能够在一定程度上促进正确结果的形成或者实体正义的实现。另外，当事人双方协议选择法官的审判组织组成形式，也已被部分学者所认可，在将来的司法改革过程中，这样的建议并非没有变成现实的可能。

程序进行方面，纠纷当事人双方通常不直接参与争端解决方案的讨论，这是为了避免因当事人情绪或面子问题而使讨论无法进行。这样的程序进行方式与中国调解中的“背对背”方式有一定的相似性，采取这样的方式主要是防止当事人之间的矛盾进一步激化，有利于化解当事人之间的矛盾。在审判程序启动之前，“审判组织”可以组织证据调查，与一般法庭上的证据调查不同，微型审理中的证据调查也是采“背对背”的方式，而不是采“面对面”的方式。

证据调查分为两个阶段，第一个阶段是非正式的证据调查阶段，或者可以称为证据调查的准备阶段。争端双方当事人可以非正式地交换书证、物证，“审判组织”也可以先行听取证人的陈述；在这个过程中，双方当事人可以预先商定“审判”活动的形式、时间和程序等方面的规则，还可以先行取得主要证人的宣誓证言，并进行相关事实的调查，这个过程一般需1～4天。

第二个阶段是听证阶段，或者可以称为正式的证据调查阶段。在听证期间，民事医患纠纷的双方当事人根据其分配的时间，按照预先确定的顺序，向3名观察员，即1名中立的纠纷解决方案建议者和2名高级管理员陈述案情。这之后是质证过程，质证过程与民事诉讼中的质证不同，不是由当事人对对方当事人提供的证据提出异议，不同体现为主询问与反询问的交叉询问，而是由观察员承担质证责任，在质证的过程中，或在程序终结前，3名观察员有权自由发问，并质疑证人证言或物证的可信度。质证的对象可以是各种证据，也可以是当事人对证据作出的描述性概述，还可以就观察员自己对证据的判断，为实现确信而向当事人进行的询问。当听证的过程结束后，2名公司高级管理人员可以在进行纠纷解决方案的谈判前，同时或者分别地征询中立建议者的意见；也可以在双方进行谈判但无法达成纠纷解决方案后，寻求中立建议者的帮助。

微型审理不管采取何种方式形成处理方案，也不管其程序如何，最后均需双方达成和解，才算完成最终的纠纷解决。中立的建议提供者以及少数情况下退休法官的加入，目的是增强和解方案提出的科学性，其模拟审判的属性也在于此。因此，微型审理又叫“有组织的和解磋商”（structured settlement negotiations）。这个模式一般是由纠纷双方当事人主动采用，个别情况下也可以于起诉后经法官推荐后启动。

2. 简易陪审团审判（summary jury trial）

简易陪审团审判于1984年由美国联邦地方法院法官托马斯· 兰布罗斯（Thomas Lambros）在克里夫兰（Cleveland）首创，此后，美国各个州法院以及联邦法院逐渐采取这样的简易陪审团审判方法，尽管其基本的程序上有或多或少的差异，不过，在本质上此审判方法都可以归类为同一替代性纠纷解决机制类型。简易陪审团审判程序的基本情况可以概括为以下内容：

首先，由纠纷双方当事人的律师或者其他代理人从适格的陪审员候选人名单中挑选出6名陪审员，组成案件的裁判组织；然后，法官对陪审员初步说明或者指出该诉讼所涉及或者应用的法律、法规，接着双方当事人律师各自于法庭上进行简短的陈述，陈述之后，双方当事人须围绕着自己的陈述进行举证，时间大约是1个小时。经过类似于我们国家民事诉讼中的法庭调查的环节后，接下来的环节是双方当事人的辩论，辩论结合前面的陈述及举证进行，此环节类似于我国民事诉讼中的法庭辩论。双方当事人的律师于辩论结束后，必须进行相当于当事人陈述的最后总结陈词。最后，法官就案件所适用的法律包括案件的举证责任、证明标准等再次向陪审团进行说明，不过这是法官最后向陪审团所做的法律适用上的指示。陪审团则根据法官指示的法律规定，结合当事人双方的律师提供的证据、当事人双方律师的辩论，以及于审理过程中了解到的其他信息，退庭秘密评议，并作出最后的、陪审团认为适当的处理结果。整个过程一般不会超过1天，而且要求当事人双方必须全程、直接参与案件审理过程。不过，与一般的法庭审理不同，简易陪审团审判中，陪审团作出的裁决对当事人并没有和一般案件审理后作出的裁决那样的约束力，其更多地具有咨询建议的性质，或者说其能够在一定程度上使当事人预测正式诉讼的案件处理结果，并在此基础上理性地谈判、和解。具体操作是，陪审团提出案件的处理结果后，法官将此处理结果晓谕当事人，并责令当事人双方进行谈判，以商定出双方当事人皆认可的案件解决方案。和解谈判阶段，不仅法官、陪审团不参与谈判的过程，而且当事人双方的律师或者其他诉讼代理人均不参与。当然，为保障陪审团认真负责的评价证据、认定事实、适用法律，并保障其在这样的基础上作出合理的判断，多数法官事先不会告诉陪审团裁决的性质，或者说，陪审团在案件审理过程中，包括裁判结论作出之前都不知道其裁判结论仅具有建议的性质。[1]因此，不可能出现陪审员因为简易陪审团审判而懈怠履行义务的情形。

由此可以看出，简易陪审团审判模式本质上不是一种正式的民事纠纷解决机制，更不是以司法权强制解决纠纷的公力救济方式，而属于替代性纠纷解决机制的范畴。其主要依赖双方当事人的和解谈判，因此其在本质上属于当事人自主解决纠纷的私力救济范畴。法官主导下的陪审团裁决的意义在于给予当事人双方合理化的建议，并使当事人能够预测正式裁判的结果，这种对正式裁判结果的预测，可以协助当事人以陪审团作出的裁决为基本的标准达成和解方案。在美国，采用简易陪审团审理方式的纠纷有接近95%的比例在陪审团作出结论后，便可迅速达成纠纷解决的方案。不过，如果当事人双方没有形成一致的和解意见，或者说协商无果，则当事人双方的纠纷将提交法庭正式审理，不过，正式审理过程中，将会重新组织陪审团，简易陪审团审判的过程与结论，新的陪审团都不会考虑，也不能考虑。与微型审理不同，简易陪审团审判多发生在当事人向法庭起诉以后，是诉讼开始以后启动的替代性纠纷解决机制。

3. 聘雇退休法官程序（rent-a-judge program）

聘雇退休法官程序实际上是介于正式解决纠纷机制与非正式纠纷解决机制的一种纠纷解决机制。其聘雇退休法官，采用类似法庭审理的程序和方法，而作出的裁决具有和初审法院裁决一样的效力，当事人对之不服，可以直接

[1] 保障陪审员正确履行职责的方式或者方法，有其历史变迁。早期的陪审员激励机制，是将陪审员资格作为一种荣誉，具备陪审员资格必须具备严格的条件，如土地、爵位、性别等。其后，陪审员更多地不再是作为荣誉对待，而是作为一种义务要求。是一种人人为我、我为人人的体现。在较大程度上体现了美国社会尊重民众自治、鼓励民众社会自治的理念。民众自治之背景下，陪审员履行陪审义务的出发点是我为其他人尽心地服务，其他人在我需要时才有可能给予我尽责地服务。

向上诉法院上诉。[1]具体程序是：采用聘雇退休法官程序时，纠纷的双方当事人事先聘雇一位退休法官作为中立的第三人，协助解决双方当事人的纠纷。退休法官解决纠纷的程序，一般采用法院的审判规则和程序，也可依双方当事人的合意适当地变革程序。退休法官在进行准法庭审判的基础上作出裁决，这种裁决被法律赋予具有等同于初审判决的法律效力，当事人如不服其“判决”结果，可以直接向上诉法院提出上诉。因此这种ADR模式又被称为“私人法庭”（private tribunal）。目前，宾夕法尼亚州（Pennsylvania）、亚利桑那州（Arizona）、加利福尼亚州（California）以及美国的其他州的法律，都准许争议的双方当事人采用“聘雇退休法官程序”解决相关纠纷。当然，此种纠纷解决方式也可以应用于当事人的医患纠纷解决中。

## 二、日本的替代性民事医患纠纷解决机制

日本的民事纠纷解决制度是大陆法系国家较为典型的纠纷解决制度，一方面体现了大陆法系国家民事纠纷解决制度的优点，同时，也在一定程度上借鉴了英美国家和地区民事纠纷解决制度的优点。可以说，日本的民事纠纷解决制度的建构具有一定的前瞻性或者敏锐性，能够将最先进的纠纷解决制度引入或者确立入自己的纠纷解决机制中来。

基于传统纠纷解决机制在医患纠纷解决上所体现出的局限性，以及医患纠纷中正义之实现的困难性，日本法学界、医师会、厚生劳动省、律师会等都在积极探索医疗事故的诉讼外解决方式，1973 年，日本医师会创建了“医师职业责任保险制度”，为医疗纠纷的处理提供了一种诉讼外调解机制。[2]这可以作

---

[1] 有学者认为，聘雇退休法官程序是作为仲裁程序的变种，更加类似于仲裁程序，实际上，此种理解还是有一定的偏颇，因为仲裁裁决具有和法院的确定判决一样的法律效力，当事人对之不服，不能提起诉讼，也不能提出上诉，而聘雇退休法官程序中作出的裁决不具有这样的效力。

[2] 相对于美国于1997年成立《国家医疗纠纷解决委员会》而言，美国对医患纠纷的替代性纠纷解决机制的探索，可以说是比较早的，或者说是比较有前瞻性的。

为日本早期的替代性医患纠纷解决机制，其后才是具有现代意义的解决医患纠纷的ADR，可以说日本医患纠纷替代性解决机制的建立大体经过了两个阶段：

（一）医师职业责任保险制度阶段

医师职业责任保险制度的基本内容是“日本医师会”（JMA）创建了医师责任保险基金，医师包括作为医疗机构的创始人或者拥有者的医师，也包括作为医疗机构的雇员的雇佣医师，均可以从“日本医师会”购买医疗过错保险，[1]后者也可以JMA和各地方医学协会以外的医学学术机构，向商业机构购买医疗过错保险。JMA作为一个团体与保险公司（由东京海上火灾保险公司等5家损害保险公司承保）签订合同，作为总承包人对已参加保险的会员医师的医疗过失负有赔偿责任。在医师向商业机构购买商业保险的情况下，商业机构作为总承包人与保险公司签订合同，并对已购买商业保险的医师的医疗过失承担赔偿责任。保险金额和索赔金额都有严格的额度限制，JMA中，出现保险事故时，每一个投保的医师以保险理赔金支付医疗赔偿责任的最高限额为1亿日元；而在商业机构保险中，投保医师的每个医疗过失案件患者索赔的费用不得超过89.3 万美元，而改投保医师所有的医疗过失案的索赔费用包括诉讼费用在内，年度总计也不得超过270万美元。为弥补JMA的医师过错赔偿责任保险的金额之不足，日本47个都道府县医学协会还提供了一种“补充责任保险”（Complementary Professional Liability Insurance），大多数购买了JMA保险的医

[1] JMA保险的购买与一般保险的购买不同，它不是由医师作为直接的购买人和投保人，而是由医师会作为购买人和投保人，该费用从医师的会员费中支付。当然，医师可以选择作为JMA的会员，也可以选择不作为其会员。是否加入日本医师会医师责任保险，取决于各该医师所缴纳的会费，如A1 会员每年会费为130 000日元，A2 会员（B）之会费为83 000日元，A2 会员（C）之会费为40 000 日元，B会员为28 000日元，C 会员之会费为6 000日元。该保险由日本金融厅监管，其主要控制保险费率，如开业医师，他们的费率是全国统一的，即70 000 日元每年度，在责任基础、专业、地区上没有任何区别；受聘医师则为55 000 日元，实习医师为34 000日元。徐喜荣：《日本医师会医师责任保险制度及其启示》，载《中国卫生事业管理》2013年第11期，第835页。

师，同样参加了这种补充保险，以确保综合保险保证金和应对不可推断的赔偿处理。

发生医疗纠纷时，投保JMA保险的医师先以口头或者书面形式向当地医学协会或者JMA授权的机构报告有医疗过失案件发生，且患者或者其亲属已经提出索赔要求。然后，当地医学协会的赔偿评定委员会遂根据报告召集相关人员，包括医学专家和律师或者其他代理人，听取相关证词，审查相关证据，并对患者或者其亲属索赔请求以及患者的实际损害情况进行评估。如果投保JMA 保险的医师购买了当地的补充保险，且患者或者其亲属提出的索赔请求或由当地“索赔评定委员会”确定的赔偿金额等于或低于8930美元时，案件即由当地的医疗差错索赔处理机构处理，直接向患者或者其亲属支付赔偿金。如果患者或者其亲属提出的索赔或由当地索赔评定委员会确定的赔偿金额大于8930美元时，则交由JMA处理。JMA设“索赔评定委员会”，其由医学专家、律师以及商业机构的代理人组成。“索赔评定委员会”在与各地方医学协会合作的基础上，对医疗差错索赔处理机构提交上来的案件予以重新调查。之后，“索赔评定委员会”将调查结果及其支撑材料转交给主管确定职责与损害的“责任审议理事会”进行审查。为保证审查的公正性，“责任审议理事会”采取回避制度，与案件以及案件当事人有利害关系的成员应当回避。而且当事人提供的材料都是匿名的，不得含有涉事医疗机构的名称、医生的姓名、患者的姓名等内容。“责任审议理事会”由具有中立立场的专家组成，其中包括医学专家6人、法律人员4人，共计10人。“责任审议理事会”的审查评议采少数服从多数的原则，过半数通过审查结果即可形成有效的决议，决议以文书形式作出。其主要内容包括赔偿责任的有无、赔偿责任额的多少、其他为使事件处理公平所需要的对策。

对于购买商业保险的医师，于发生医疗过失案件的情况下，案件处理机制的总协调机构由JMA转变为商业机构，具体处理程序与JMA保险有类似之处。

必须注意，日本的医师职业责任保险并非强制保险，购买保险完全基于医师的自愿，法律以及政府没有强制性的规定。根据统计，日本医学协会的保险体系覆盖了全日本大约43.5%的医师，如果医师在没有购买商业保险的情况下，医患纠纷则不能采用这样的替代性纠纷解决机制。由此可见，医师职业责任保险制度，在非诉讼解决医患纠纷方面，还有很大的局限性。另外，于医患纠纷发生时，日本的医疗机构并不能置身事外，实际上，医疗机构是医患纠纷中的重要主体，也是医疗过失责任承担的重要主体。患者也往往以代理责任为由，要求医疗机构为自己雇员的行为负责。为减缓自身承担的责任，地方医院和私人医院可以从商业机构那里购买责任保险，并可以按照前述程序，在确定的限额内，直接由保险公司以保险金的形式向患者或者其亲属赔偿；与国立医院或由某些政府部门直接管理的医疗机构有关的医疗纠纷的诉讼费用和损害赔偿金，将由财政部进行管理和监督。

（二）现代ADR的广泛应用阶段

在医疗纠纷领域，ADR被广为应用是近几年的事情。日本自1999年开始进行了一系列的司法制度改革，ADR的扩充与活性化作为此次司法制度改革的重要环节被提上改革的议事日程。司法制度改革审议会意见书将ADR定性为“与审判相并列的魅力性的选择”，并予以高度评价。之后，司法制度改革推进本部设置了“ADR 检证会”，通过缜密而激烈的讨论、研究，于2004年制定了《关于促进利用诉讼外纠纷解决程序的法律》（以下简称“ADR 基本法”）。此后，作为ADR应用的领域之一，医疗ADR被广为探讨，并朝着加快普及的方向发展。[1]这主要体现在以下几个方面：

其一，设立了比较广泛的替代性医患纠纷解决机构。例如，日本律师联合会于2008 年6 月设立了医疗ADR 特别部会，截至2010 年3 月在全国所有的高等法院所在地（或其周边）的律师会中都设立了处理医疗事故的ADR。其他一些非政府组织也相继设立了处理医患纠纷的替代性纠纷解决机制，如2009年设立的千叶县医疗纠纷研究会等专门处理涉及医疗纠纷的ADR。医疗替代性纠纷解决机构一般由医生、律师、有学识的经验者三方面的人员构成，可以在一定程度上代表患者、医疗机构以及国民全体的共同利益。

[1] 具体资料可参见洪英：《日本医疗纠纷诉讼外解决机制的发展趋势》，载《中国司法》2013年第4期，第91~94页。

其二，医患纠纷替代性解决机制类型繁多。这些替代性纠纷解决机制大体可以分为咨询型、调解型（调解、和解、斡旋）、裁断型（仲裁）三种类型。其中，调解型在处理程序上比较灵活，既可以调解患者的情绪和感情，促进医患之间的对话，还可以通过赔礼道歉及采取防止再发的措施等途径真正解决纠纷。因此，在实际的医疗纠纷中，调解型医疗替代性纠纷解决机制应用得最为广泛，也最受患者及其医疗机构的欢迎。

其三，在医患纠纷替代性解决机制中，比较重视纠纷前的预防。为此在建构各种形式的医患纠纷替代性解决机构的同时，建立了专业的医疗评估组织。1995年，由厚生省、日本医师协会、日本医院协会、健康保健联合会共同发起并成立了医疗评估机构，其主要任务是监督医院向患者提供优质服务。从2002年起，医疗评估机构决定对日本所有医院分5个方面进行评估检查，其内容是病历资料管理、主治医生责任制、病例研究、医生进修制度、患者权利保护，并在专门网站公布评估结果。患者及其家属可以根据评估结果选择优质医疗机构，激励医疗机构提高医疗服务质量。专业医疗评估机构对医疗机构的评估，在激励医疗机构的同时，也可以促使患者选择自己信任的医疗机构就医，以提高医患之间的信任，减少和预防医患纠纷的发生。另一种预防医患纠纷发生的方式是强化医疗事故研究机构在医患纠纷预防上的作用。日本的医疗事故研究机构比较完善，医院内部全部建立安全管理委员会，收集和分析重大医疗事故信息。许多机构把事故及差错的情况收集起来进行研究，有效地应用于医疗事故预防。同时很多医疗机构成立医疗事故对策委员会，其职责是组织召开事例研讨会，把近期发生的事故及医疗纠纷诉讼的内容告知全体医务人员。2004年厚生劳动省为了减少重大的医疗事故，强制实行四点医疗安全措施：医疗安全的有关责任者、设立医疗安全对策委员会、收集濒临事故和意外事故的事例并进行分析和建立对策机制、对有关人员进行医疗安全教育。

科学的预防机制使日本的医患纠纷发生率一直很低，据统计，每年只有11000～12000件医疗纠纷发生，平均每名医生每年发生医疗纠纷0.4件。而且患者对待医疗纠纷大多比较温和，很少出现患者及其家属与医生发生暴力冲突的事件。[1]

## 第三节　中国医患纠纷替代性解决机制的建立

### 一、中国医患纠纷替代性解决机制的实践探索

考虑到我国医患纠纷的实际情况以及正式的公力救济在解决医患纠纷上的局限性，理论与实践中也在积极探索医患纠纷的替代性解决机制。尽管许多学者呼吁应当参照英美国家和地区的做法，在中国采用强制仲裁模式，不过考虑到强制性仲裁模式与我国既有的民商事仲裁确立的原则存在一定的冲突，同时考虑到强制仲裁终局性地解决当事人的争议，实现案结事了之结果上并没有太大的积极意义。所以，实践中关于医患纠纷替代性解决机制的探索或者创建，更多地以诉讼外调解制度作为突破点，或者说作为着力点。除仲裁，特别是强制仲裁模式的不可适用性之外，诉讼调解制度作为依据当事人合意解决纠纷的制度，最大的优点在于，当事人之间的合意可以对抗来自方方面面的批判，即使在当事人和解后，做出矛盾行为的情况下，纠纷中的一方当事人也会承担相当的道德成本。

#### （一）医患纠纷替代性纠纷解决机制实践探索的基本内容

各地所进行的、以诉讼外调解为主要内容的探索，其主要特点可以概括为以下几个方面：

[1]　李海军、王番宁：《国外医疗机构医疗纠纷防范与解决机制对我国的启示》，载《经济与管理》2012年第3期，第118页。

1. 设立专门的医患纠纷调解组织，突出医患纠纷诉讼外调解组织的专业性和中立性

为体现医患纠纷诉讼外调解组织的中立性，实践中的探索着力于促使该组织中立于医患纠纷双方当事人的特点。特别注意撇清与卫生主管机关或者说卫生行政管理机关及其医疗机构的关系，要求医患纠纷人民调解委员会独立于或者不隶属于卫生行政机关。[1]当然，其组成形式上呈现出多样性的特点，有的由司法行政机关牵头成立，如青岛某县司法局牵头成立了相对独立的第三方调解机构医患纠纷人民调解委员会；有的医患纠纷调解委员会是由司法行政机关会同卫生行政机关和食品药品监督管理机关成立，如青海省某市城东区医疗纠纷专业人民调解委员会；有的医患纠纷调解委员的人员则来自司法行政机关、卫生行政机关、公安机关等多个部门，如福建省南平市医患纠纷调处中心。

体现医患纠纷人民调解中心的专业性，组织成立医患纠纷调解中心的机关从一开始就比较重视调解员的专业性，换句话说，以调解员的专业性实现医患纠纷调解中心专业的最为通常、最为重要的方法。青岛市某县医调委成立之初遴选的6位调解员，或者是医疗卫生方面的专家，或者是精通法律实务的法律专家，其中法律方面的专家可以很好地处理医患纠纷中的法律适用问题，而医疗卫生方面的专家则可以非常好地应对医疗方面的专业问题。

当然，专业性和中立性可能存在一定的冲突，医疗卫生方面的专家虽然具有专业方面的知识，却可能具有同情医疗机构或者医疗人员，另外，实践中存在可能时，作为医疗卫生专家的调解员可能与作为医患纠纷中一方当事人的医疗机构存在这样或者那样的关系，影响其中立性。为此，实践中的医患纠纷人民调解中心在设立时往往采取多种方法，防止专业性对中立性的冲击，保障医

[1] 中立性是程序公正的最重要的构成要素，顾培东先生将纠纷解决者的中立概括为三个方面：其一，在对冲突事实全面了解和掌握之前，不对冲突及其解决方式形成先验的结论或者倾向；其二，对冲突主体各方的请求或主张予以相同的重视；其三，在了解冲突过程中所形成的义愤、同情或其他情感不直接发泄或体现在对冲突事项的解决中。柴发邦主编：《体制改革与完善诉讼制度》，中国人民公安大学出版社1991年版，第74页。

患纠纷人民调解中心对患者的吸引力。方法之一是聘请已经退休的医疗卫生专家，而不是聘请现职的医疗卫生专家，这样作为调解员的医疗卫生专家与医疗机构的利害关系相对较小，对中立性的影响也相对较小；方法之二是聘请有公正心、坚持原则、有强烈的社会责任感的医疗卫生专家作为医调委的调解员，这样的职业道德品质以及社会责任感，可以在一定程度上限制狭隘的本位主义思想，减少对中立性的影响；方法之三是建立庞大的、人数众多的专家库供医患纠纷的双方当事人选择，如果当事人认为某一专家在纠纷的调解过程中，可能会出现不中立、不公正的做法，则可以不选择该专家，而选择其认为中立、客观、公正的专家作为其纠纷的调解员。例如，青岛某县的医调委的专家库由19人组成，成员大多数是离退休专业人士、医院领导，他们社会责任感强，医学知识渊博，实践经验丰富，有较强的沟通说服能力，能确保医患纠纷技术评估及调解的公正性、客观性和可操作性。又如，青海省某市城东区医疗纠纷专业人民调解委员会的专家库则由163位专家组成，当事人可选择的余地相当大。

2. 以当事人双方的自愿为基础，贯彻自愿原则

自愿原则可以说贯穿医患纠纷调解的全过程。在纠纷解决机制的选择方面，医患纠纷人民调解不是一种强制性的调解，也不是医患纠纷民事诉讼必经的前置程序。实践中的通常做法是，患者或者其亲属为医患纠纷人民调解中心的中立性、专业性所吸引，而向医患纠纷人民调解委员会申请调解，医疗机构对这样的申请并不反对，此时，医患纠纷人民调解程序启动。在调解员的选择方面，双方当事人均可以选择自己认为中立性、专业性不存在任何问题的专家。[1]双方当事人均能接受的第三者特别重要，科特威尔将之作为调解这种纠

[1] 江西新余的情况具有一定的代表性，其调解员完全由当事人双方选择，不过具体选择程序，媒体未做详细介绍。简志刚、李时洪：《医患纠纷调解的“新余模式”》，载http://www.jxzfw.gov.cn/Html/dcyj/2014/12/4849720141212083300.html，访问时间：2015年9月27日。

纷解决方式的重要特点。[1]在具体的调解组织的组成上，以及各方当事人选择的具体数额上，目前的资料对之没有具体的说明。不过，可以肯定的是，在具体数额的选择上，也必须确保当事人双方之间的平等，只有这样才有可能确保调解中心的中立性。同时，由于医患纠纷调解中心本身并不是一个裁决组织，而是一个主持调解的组织，其组成也并不是必须采用单数的方式。例如，青岛市某县医调委的组成人员即为6人。调解的结果也是在当事人自愿的基础上形成，双方一旦达成调解协议，往往在调解中心的主持下，先行履行调解协议。并以这样的方法防止当事人反悔，促进医患纠纷调解的案结事了。

3. 医患纠纷调解中心大多采取免费调解的模式

免费调解也是吸引当事人选择诉讼外调解的重要方式之一，并往往在当事人双方对医患纠纷人民调解了解不多的情况下发挥其影响力和作用力。此时，当事人往往带着“试试看”“反正不需什么投入”“多里捞摸”等心理选择诉讼外医患纠纷人民调解。应予注意的问题是，医患纠纷人民调解中心的运行必须有必要的经费，如最基本的办公场所、最基本的办公设施、最基本的运行经费等，离开了必要的经费，医患纠纷人民调解中心难以运行。为此，地方的医患纠纷调解经费来自政府财政部门的拨款，例如，青岛某县的医患纠纷调解委员，即以此种方式获得其活动经费。有的将调解委员会作为人民调解委员会的一种特殊形式，设置在街道或者镇的调解中心，按照人民调解委员会的方式获得活动经费。例如，青海省某市的医患纠纷调解中心即采取此种经费获得模式。

资料显示，医患纠纷人民调解取得了相当好的效果，青岛某县医调委成立以来，共受理特大复杂医患纠纷43件，调解成功42件，调解成功率达97%。赔付总金额为238.71万元。医调委受理处置的纠纷中，22起属于重大医患纠纷，患者死亡纠纷18起，其中的13起中患方聚集了几十、上百人，在“医调委”的精心调解下，全部得到有效解决，平息了纠纷，取得了显著的社会效益，赢得

[1] ［英］罗杰·科特威尔：《法律社会学导论》，潘大松等译，华夏出版社1989年版，第239页。

了医患双方的信任和肯定。而福建省医患纠纷调解委员会调解的案件占全部医患纠纷案件的90%左右，调解成功率也非常高。[1]江西省的情况也大致如此，媒体报道显示：新余市医调委成立以来，共受理医患纠纷273起，成功调处254起（其中34起为“零赔偿”），终止调解13起，19起正在进行调解或医疗事故技术鉴定中，调解成功率为94.88%；另外，市医调还接受市委政法委的指派，成功调处14起因非正常死亡而引发的纠纷。上述经调解的纠纷，没有发生一起当事人反悔或重新起诉、信访闹访的案件，满意率达100%。[2]

（二）医患纠纷替代性纠纷解决机制实践探索之困惑

当然，这并非意味着目前医患纠纷替代性解决机制的实践探索没有理论上的困惑及实践上的困难，这主要体现在以下几个方面：

1. 医患纠纷调解中心的法律效力的问题

从目前的情况来看，医患纠纷调解中心主持下达成的调解协议，主要依赖双方当事人的自觉履行，而且许多地方采取的方法是协议的签订或者达成与义务的履行同时进行，即所谓的即时履行，以防止当事人反悔。事实上，在医患纠纷中，有强烈的权利保护诉求，并最终可能诉诸司法途径解决的通常是患者或者其亲属，换句话说，医疗机构通常不是权利的主张者，往往是义务的可能承担者。对于纠纷中处于主动地位的患者或者其近亲属而言，其从来不会担心对方当事人义务的履行问题，或者说不会担心可能的裁判执行问题。医疗机构，特别是比较著名的医疗机构的雄厚的经济实力，决定了对于它们不存在执行不能的情形。这样，即时履行能够在多大程度上杜绝医患纠纷当事人的反悔，就是一个必须以实证予以研究和说明的问题。必须注意，即时履行并不具有禁止当事人反悔的法律效力，实践上以及逻辑上可能发生的情形是，患者虽然获得了赔偿，但仍然反悔，并再次挑起纠纷。而且从制度设计来看，不能把

---

[1] 林智仁、陈强：《调解员由医患双方自己挑》，载《中国青年报》2013年4月8日第5版。

[2] 简志刚、李时洪：《医患纠纷调解的“新余模式”》，载http://www.jxzfw.gov.cn/Html/dcyj/2014/12/4849720141212083300.html，访问时间：2015年9月27日。

制度中的人设置为理性的、遵守道德规则的人，而应当以逻辑上出现的最坏的可能作为制度设计的出发点或者基础。

2. 医患纠纷调解中心的经费来源问题

确实地，有些地方采取财政拨款的方式解决医患纠纷调解中心运行经费的问题，这种方法不会影响医患纠纷调解中心的中立性，其既不是来自患者的一方，也不是来自医疗机构的一方。同时解决医患纠纷，也是惠及医疗机构及普通患者或者潜在的患者举措，具有财政支付的正当性。不过必须进一步追问的是，人民调解以及仲裁机构的仲裁同样是惠及纠纷双方当事人，或者潜在的双方当事人，从而在广泛的意义上惠及社会大众的纠纷解决方式，何以对于后者没有这样的单独财政给予呢？换句话说，对于医患纠纷调解中心所做的财政支付或者财政拨款，没有法律上的正当性。

3. 医患纠纷调解中心的正当性问题

纠纷解决机制的正当性涉及的是纠纷解决机制以何种基础解决当事人之间的纠纷，并因此与其解决结果存在内在的勾连。[1]当然，在理解或者赋予医患纠纷调解中心的正当性方面，各地可能采取了不同的方法，[2]有些地方将医患纠纷调解中心的正当性建立在当事人双方自愿的基础上，如江西新余县和山东青岛某县。以当事人自愿为基础的纠纷解决方式是最理想的纠纷解决方式，其成本低、效率高，还能在一定程度上维持当事人之间的和谐。不过，以此为基础的纠纷解决，调解人员的作用不是十分明显，其最主要的作用是说服当事人，并提出当事人双方均能接受的纠纷解决方案。用科特威尔的话说即“第三

---

[1] 当然，各种纠纷解决机制的正当性存在显著的差异，公力救济的正当性在于国家的司法权力以及国家司法权力在运行过程中的公正性和权威性，而仲裁和人民调解的正当性，则更多地来自双方当事人的自愿或者当事人双方的自愿授权。

[2] 媒体对医患纠纷诉讼外纠纷解决机制之探索的报道，一般没有涉及这些探索的正当性问题，可能原因在于，报道者并没有考虑到正当性问题的重要性，抑或对纠纷解决机制正当性的追问可能与褒扬医患纠纷解决机制探索的主旨背道而驰。因此，媒体的报道更多涉及的是实践中建立起来的医患纠纷调解中心在解决纠纷、化解矛盾、维护社会稳定方面的积极意义，而不是其存在的缺陷或者不足。

方并不试图运用现有的法律规范来解决双方的冲突，而是对双方提出观点和要求策划一种妥协与和解的方法”。[1]当然，一般来说，依据当事人自愿为基础的纠纷解决方式，其解决结果对双方当事人并没有法律上的强制性，解决结果的实际执行不仅依赖当事人双方的自愿，更是依据当事人双方的道德自觉。必须说明的是，这样的道德自觉在社会转型时期常常非常脆弱，难以负载作为协议执行依据的重托。有些地方，如青海省某市城东区医患纠纷调解委员会，则是与人民调解相勾连，并将之作为人民调解的特殊形式。长期以来，人民调解作为中国特有的纠纷解决方式，其合理性或者正当性来自人民调解委员会所在组织的自治性，人民调解委员会解决纠纷也是村民委员会、居民委员会自治的一种方式，因此纠纷解决的双方，在人民调解过程中无须缴纳任何费用，人民调解委员会在当事人提出申请的情况下，也有义务对之进行调解。《人民调解法》也赋予了人民调解委员会主持下达成的调解协议以一定的法律约束力，并规定当事人双方可以申请人民法院确认其执行力。不过此种方法也存在一定的不足，即医患纠纷的双方当事人可能不属于同一自治组织，此时，以自治为基础的医患纠纷人民调解即失去了其正当性。

## 二、中国医患纠纷替代性解决机制完善的一般思路

考虑到仲裁方式，特别是强制仲裁在医患纠纷解决中的不适用性，我们比较赞同以诉讼外的调解作为基本的，或者说主要的医患纠纷替代性纠纷解决机制，结合我国各地于实践中的长期探索，我们认为医患纠纷替代性解决机制完善时可侧重考虑以下几个主要方面或者主要的问题：

### （一）重新梳理医患纠纷调解中心的正当性

诚如前文所述，将医患纠纷调解作为人民调解的特殊形式，虽然可以在一定程度上赋予其法律强制力，但将不属于同一自治组织的医患双方纳入自治组织中，并以人民调解的方式解决其纠纷，在法律上确有一定的牵强。因此，我

[1] [英]罗杰·科特威尔：《法律社会学导论》，潘大松等译，华夏出版社1989年版，第239页。

们总体上赞同以当事人自愿作为医患纠纷调解的法律基础。以当事人自愿为基础的医患纠纷调解，必须强调调解组织的专业性、中立性、公正性，而且调解人员必须依据其法律方面的专业知识，以及医疗卫生方面的专业知识，对当事人做耐心细致的工作，并最终使医患纠纷的解决不仅是一个发现理性、公正的处理结果的方式，更是一个化解当事人之间矛盾的方式。当然，由于纠纷解决的正当性基础与纠纷处理结果的法律效力有一定的相关性，因此，以当事人双方自愿为基础的医患纠纷调解，还必须进一步解决医患纠纷调解结果的法律效力问题。对此，我们认为可参照《人民调解法》的规定，许可当事人在一定的期限内向法院申请，由法院按照非讼程序作出判决确认调解协议的既判力和执行力。其理由主要在于：

其一，民事纠纷与其他纠纷不同，在纠纷的解决过程中当事人享有处分权，这样的处分权不因为纠纷解决方式的不同而有影响。而且纠纷的解决也必须以当事人的处分权为基础，即使在以国家司法权为基础的强制性纠纷解决中，司法权的形式也必须尊重当事人的处分权，并且应当以当事人的处分权为基础行使司法审判权。西方国家和地区民事诉讼中的辩论主义的基础与要旨即在于此。[1]

其二，承认当事人的处分并以双方当事人的合意为基础确认当事人的合意的法律效力是现代西方国家的通行做法。在德、日等国，这样的和解被称为诉讼上的和解，它是指在诉讼系属中，当事人双方于诉讼的期日，在法官的参与下经协商和让步而达成的以终结诉讼为目的的合意。[2]其重要的特点是和解协议经过法院的确认，即产生具有和确定判决一样的法律效力。通常认为，西方国家诉讼上的和解与我国的法院调解并无本质上的不同，甚至认为是一种制度

[1] 关于西方国家和地区民事诉讼中的辩论主义，学者多有论述，此处不赘。

[2] ［日］青山善充、伊藤真编：《民事诉讼法的争点》，有斐阁1998年版，第260页。

的两种表达。[1]不过，事实上法律制度在承认其效力的依据方面还是有本质的不同的，我国之所以承认法律调解具有和确定判决一样的法律效力，主要是因为调解过程中的法院参与，学者也认为法院调解的性质是法院的审判行为和当事人的处分行为的结合。而西方国家对诉讼上和解的效力的承认，更多地依据其来自当事人的自主处分，或者说当事人的合意。基于此，德国的民事诉讼虽然不直接承认诉讼外和解协议的效力，但规定只要当事人在诉讼中引用该协议，则该协议即可以具有法律约束力。“如果双方当事人在诉讼进行过程中对诉讼标的缔结了法院外和解，则这对诉讼无任何直接效力。毋宁说，鉴于此诉讼想从该和解中导出自身权利的当事人一方必须引证该和解。如果双方当事人在和解中约定原告应当收回诉讼，而原告没有遵循自己的义务，则必须以诉讼判决驳回诉。”[2]

其三，这样的理解也与《人民调解法》《民事诉讼法》的规定一致。《人民调解法》和《民事诉讼法》均规定，对于人民调解协议当事人双方可以向调解组织所在地的基层人民法院申请确认其执行力。对于符合法律规定的调解协议，人民法院裁定其有效，义务人未全部履行债务或者不履行债务的，权利人

[1] 江伟教授将他们的相同点概括为三个方面：（1）无论是法院调解，还是诉讼上的和解，都是通过当事人合意解决纠纷，调解与和解协议的达成都是法院诉讼行为与当事人诉讼行为相互作用的结果；（2）调解与和解过程均有法官和当事人的参加，法官在调解或促进和解中均发挥重要的作用；（3）调解或和解成立后与生效的判决效力相同。参见江伟主编：《民事诉讼法》（第六版），中国人民大学出版社2013年版，第219页。

[2] [德]汉斯-约阿希姆·穆泽拉克：《德国民事诉讼法基础教程》，周翠译，中国政法大学出版社2005年版，第178页。

有权申请执行。[1]人民调解的基础来自人民调解组织的自治属性，不过此种自治之所以可以作为民事纠纷的基础，还必须与当事人的自愿结合在一起。事实上，从人民调解程序的启动，到调解协议的达成，再到申请法院对调解协议的确认，自始至终都包含当事人双方的合意处分。换句话说，离开了当事人双方的合意，人民调解即失去了其生命力。因此，可以说，人民调解委员会是一个自治组织，而人民调解程序的生命力在于当事人的自愿以及当事人的合意处分。既然基于当事人合意基础上的人民调解可以由当事人双方自主处分，共同申请法院确认其执行力。则基于同样的当事人处分的法理，医患纠纷调解中，当事人双方亦可以依据双方的合意，共同申请法院确认其法律效力。在笔者看来，确认调解协议执行力的前提是，确认调解协议的既判力。从一定程度上说，没有离开了既判力的执行力，在所有的法律文书中都无法找到仅有执行力而没有既判力的情况。事实上，在中国大陆的民事诉讼制度，一旦当事人或者其他机关依据法律的规定，冲破了确定判决的既判力，并启动再审程序的情况下，法院也必须暂停对案件的执行。确切地说，既判力被冲破时，裁判的执行力也被搁置，或者说裁判的执行力失去了依据。所以，笔者认为，对于调解协议不应由当事人双方共同向法院申请其执行力，而应当申请其既判力，一旦法院确认了调解协议的既判力，如果这样的调解协议还有执行内容，则其同时也具有了既判力。另外，法院应当以判决的形式确认调解协议的既判力，而不是以裁定的形式确定其既判力，并在行使表现为不是调解协议本身有既判力，而是法院的确认判决有既判力。

[1] 《人民调解法》第三十三条第一款规定：经人民调解委员会调解达成调解协议后，双方当事人认为有必要的，可以自调解协议生效之日起三十日内共同向人民法院申请司法确认，人民法院应当及时对调解协议进行审查，依法确认调解协议的效力。《民事诉讼法》第一百九十四条规定，申请司法确认调解协议，由双方当事人依照人民调解法等法律，自调解协议生效之日起三十日内，共同向调解组织所在地的基层人民法院提出。其第一百九十五条规定，人民法院受理申请后，经审查，符合法律规定的，裁定调解协议有效，一方当事人拒绝履行或者未全部履行的，对方当事人可以向人民法院申请执行。

当然，即使确立当事人双方可以共同向人民法院申请确认医患纠纷调解协议的既判力的制度，在实践中或者在逻辑上仍然会出现当事人一方拒绝向法院提出申请的情形。对此，笔者认为，应当许可当事人有这样的选择权，并在其反悔的情况下，许可当事人向法院起诉。不过可以对起诉后败诉或者部分败诉的当事人给予必要的制裁。此种制裁可以诉讼费用制裁，也可以要求败诉的一方当事人赔偿对方当事人因之遭受的损失。对于当事人的败诉之理解，可以依据调解协议认定或者判断，详言之，如果起诉方当事人于最后判决中获得的利益小于或者等于调解协议确认的利益，即视为其败诉，可以判决其承担全部的诉讼费用，并可以按其诉讼请求与调解协议确认的利益之间的对比关系，判定其应当赔偿对方损失的具体比例。采取此方法的基本依据是2012年《民事诉讼法》确立的诚实信用原则，体现自由的民事诉讼观向社会的民事诉讼观的转变，借鉴其他国家的做法，实现与民事实体法的一致，2012年《民事诉讼法》首次确立了诚实信用原则。按之，当事人应当诚实地行使诉讼权利，严格禁止滥用诉讼权利的行为，同时也禁止当事人于纠纷解决过程中做出矛盾的行为，规定当事人应当在业已实施的诉讼行为的基础上，践行诉讼程序。调解协议达成后，拒绝申请法院确认调解协议的既判力，并提出诉讼的行为，既是滥用诉讼权利的行为，也是实施相互矛盾的行为，应当为诚实信用原则所禁止。

### （二）以有偿解决作为解决医患纠纷调解中心活动经费的基本方法

实践中基本上以免费解决纠纷作为吸引医患纠纷双方当事人的方法，但理论上或者实践上能否以此作为吸引当事人的主要方法或者基本方法，还是有怀疑，或者说有疑问的。相反，心理学的理论均认为低成本的事物或者程序，所获得的珍惜度越小，即越便宜的东西越不珍惜。行为心理学认为，珍惜或者选择后的认真对待可以看作一个行为习惯或者行为范式，如果采取某一行为或者不采取某行为，对行为主体的奖励不多，惩罚也不多的情况下，行为主体通常不认真对待这样的行为，即在行为习惯和低成本的行为之间的联系机制非常弱。而弗洛伊德的精神分析心理学则认为本能（包括性本能、攻击欲等）一直在寻找发泄的出口，这种能量发泄构成了一种内驱力，目的是消除紧张。快乐就来源于紧张感的消除。而现实和思想上的障碍，又构成了阻力，在内驱力和阻力的较量之下产生的活动，弗洛伊德称之为“妥协性对象发泄”。内驱力与阻力之间的冲突越大，妥协性越困难，但一旦获得宣泄，则获得快感也越强烈。在阻力较小、妥协性较低的情况下实现的妥协性对象发泄，促使人们珍惜它、认真对待它的动力就比较小。

而在一般当事人看来，有些纠纷解决机制之所以不收费，或者收费较低，最根本的原因不是其纠纷解决的质量比较好，而是为了惠及当事人而采取的策略，相反的是，这样的纠纷解决机制还不能给当事人提供令其满意的服务，或者说不能提供足够好的服务。就我们的访谈而言，许多被访对象认为之所以人民调解委员会的调解不收费，是因为其调解协议的法律约束力较弱；之所以仲裁机构收费较低，是因为仲裁机构没有强制执行的权力，仲裁裁决虽然具有和法院的确定判决一样的效力，但仲裁裁决可以在执行的过程中被法院裁定不予执行，也可能被法院裁定撤销。事实上，各地建立的医患纠纷调解委员会吸引当事人的着力点也不是强调其免费为当事人提供服务，而是更多地强调医患纠纷调解委员会的中立性、专业性、公正性、灵活性和权威性。

仲裁机构以及人民法院收取仲裁费用或者诉讼费用的做法，并没有影响当事人对之的选择，可以从另一方面说明免费调解不可能对当事人产生太大的吸引力，也可以从正面为医患纠纷调解收取调解费提供正面支持。同时医患纠纷调解委员会要想权威、公正地解决当事人之间的纠纷，仅凭调解员丰富的专业知识是远远不够的，其还依赖于对当事人争议的事实问题的准确判定，而医患纠纷中的事实判断单纯依靠调解员的专业知识难竟其功，必须进行必要的司法鉴定。事实上，我国很多调解成功的医患纠纷，都是当事人在事实认定上达成一致的医患纠纷。“和解解决纠纷有一定的适用范围。一般来说，有两种类型纠纷适合和解：一是对于损害事实双方认定比较清楚，分歧不大的，双方愿意在各自的责任范围内承担后果；二是损害事实比较轻微，责任也较小，双方或一方不愿在纠纷上花费更多的时间与精力。”[1]

---

[1] 侯怀霞：《医患纠纷“多发”与“激发”原因二元论》，载《苏州大学学报》（哲学社会科学版）2015年第2期，第47页。

当然，具体的收费比例和收费方法，可以进行详细的调研，不过总体上可以按照诉讼收费办法的精神，在变通的基础上予以执行。

（三）形塑医患之间的信任机制[1]

医患纠纷的替代性解决机制，仍然是作为一种事后的救济方式出现的，不能从根本上解决医患之间的不信任问题，更无法实现医患之间的和谐。“第三方调解仍然偏重于对医患纠纷的事后解决，而不是事先预防。政府对人民调解的强调，可以说是法律系统对中国特殊的医患纠纷的生存性适应，……而不能完全解决潜伏在医患关系中既有的各种不信任、不合作与抵触。”[2]形塑这样的信任机制，必须建立和健全医疗机构的医疗信息公开制度，医疗机构不仅应当在其网站的主页公开医疗机构的技术、资金、设备等方面的优势，还应当公开其特定时间内出现的医疗过失情况、处理结果情况、患者及其亲属的满意程度等内容。对于医护人员的信息公开，不应仅限于其学历、职称、专长，还应当公开其职业道德情况、有无职业过失、有无违反执业纪律等情形。当然，对于医疗机构的信息公开，也可以参照日本的做法，由第三方公开与患者就诊有关的各种信息。在我国，第三方对医疗机构及其医护人员相关信息的公开，完全可以由卫生行政机关承担。卫生行政机关对医疗机构及其医护人员的行政管理的目的，是维护患者或者潜在患者的合法权益，促进我国卫生保健事业的健康发展，增进广大人民的福祉。而这样的公开，对医疗机构及其医护人员都是一个激励或者引导机制，能够在较大程度上促使其更加审慎地执业，也能够在较大程度上强化患者及其亲属对医疗机构及其医护人员的了解，增强医患之间

[1] 何以将形塑医患之间的信任作为替代性纠纷解决机制，而不是将建立强制性的医疗保险作为一种替代性纠纷解决机制，这是因为，医患之间的信任可以从根本上减少医患之间的纠纷，并成为最根本意义上的纠纷解决机制。而医疗过失保险解决的是赔偿金的来源问题，也就是说，建立医疗过错保险的情况下，赔偿金直接来自保险公司，而不是来自医院。此种赔偿金的来源问题对患者并无实际意义，更何况，在中国当下的情况下，影响医患纠纷解决的根本因素或者关键因素，不是医疗机构有无执行力的问题，而是当事人对于纠纷解决的期望值方面的巨大差异。

[2] 伍德志：《论医患纠纷中的法律与信任》，载《法学家》2013年第5期，第14页。

的信任。事实上，在医疗机构及其卫生行政机关缺少这样的公开的情况下，很多患者也会利用现代传媒手段对特定的医疗机构及其医护人员的行为、水平、态度等予以评价，并因此影响患者或者其亲属的选择。不过相对于医疗机构或者卫生行政机关的信息公开而言，患者的信息公开可能更多地带有情绪性、片面性，因此，与其让患者之间的私评价引导患者的选择，不如以卫生行政机关或者医疗机构的公评价引导患者的选择。

# 第三章 医患纠纷中的医疗鉴定制度及其改革

## 第一节 医疗鉴定制度的现状及其存在的问题

我国现阶段医疗鉴定制度问题是多方面的，这可以概括为以下几个方面：医疗事故鉴定与医疗过错鉴定并存、越权鉴定的现象时有发生、异地鉴定结论往往难以一致等，[1]但医患纠纷中鉴定制度存在的主要问题是双轨制的医疗鉴定制度。

### 一、双轨制医疗鉴定制度的产生

我国改革开放以来的医疗鉴定制度的确立可归于国务院1987年6月29日发布的《医疗事故处理办法》（以下简称《办法》）。其确立了我国医患纠纷中具有明显行政性、单轨式的医疗鉴定制度。其第十一条规定病员及其家属或者医疗单位对医疗事故的确认存在争议时的处理办法或者救济途径。即向医疗事故技术鉴定委员会申请鉴定。病员及其家属和医疗单位对医疗事故或事件的确认和处理有争议时，可提请当地医疗事故技术鉴定委员会进行鉴定，由卫生行政部门处理。对医疗事故技术鉴定委员会所作的结论或者对卫生行政部门所作的处理不服的，病员及其家属和医疗单位均可在接到结论或者处理通知书之日起十五日内，向上一级医疗事故技术鉴定委员会申请重新鉴定或者向上一级卫生行政部门申请复议；也可以直接向当地人民法院起诉。尽管其没有明确地否认其他鉴定渠道或者鉴定方式，但透过其对医疗事故鉴定的行政管理定性排除

---

[1] 张继峰、戴宁、雷雨云：《“医疗纠纷”技术鉴定浅析》，载《中国司法鉴定》2007年第3期，第56页。

了其他的鉴定渠道。这种行政性体现在医疗事故技术鉴定委员会的组成以及性质定位上，关于其组成，《办法》第十二条第二款规定：医疗事故技术鉴定委员会由有临床经验、有权威、作风正派的主治医师、主管护师以上医务人员和卫生行政管理干部若干人组成。省、自治区、直辖市级鉴定委员会可以吸收法医参加。第三款规定：鉴定委员会人选，由卫生行政部门提名，报请同级人民政府批准。最高人民法院1992年发布的《关于适用〈中华人民共和国民事诉讼法〉若干问题的意见》（以下简称《若干意见》）进一步确认了此种单轨制的医疗事故鉴定办法。其第一百四十九条规定：病员及其亲属对医疗事故技术鉴定委员会作出的医疗事故结论没有意见，仅要求医疗单位就医疗事故赔偿经济损失向人民法院提起诉讼的，应予受理。换句话说，病员及其亲属或者医疗单位对医疗事故鉴定存有意见的案件，法院不能作为民事案件予以受理，当事人对之职能按照行政处理的方式予以处理。

医疗鉴定双轨制的确立肇因于2002年正式实施的国务院《医疗事故处理条例》（以下简称《处理条例》）以及2003年2月21日最高人民法院《关于参照〈医疗事故处理条例〉审理医疗纠纷民事案件的通知》（以下简称《医疗纠纷通知》）。应当说在当时的时代背景下，《处理条例》具有一定的进步性和改变传统医疗鉴定之行政性的进步意义。这主要体现在以下几个方面：其一，改变了传统的医疗事故技术鉴定委员会的行政属性。《办法》之下，医疗事故技术鉴定委员会属于卫生行政主管部门的组成部分，病员及其家属或者医疗单位对医疗事故技术鉴定委员会的鉴定结论不服的唯一救济途径是申请行政救济，或者向上一级医疗事故鉴定技术委员会申请重新鉴定，或者就之提出相关的行政诉讼，或者同时并先后采取两种措施。而按照《处理条例》医疗事故技术鉴定委员会不再具有明显的行政属性，其不再隶属于卫生行政管理部门，而是隶属于具有研究性质的医学会，由其对之进行管理。《处理条例》第二十条规定：卫生行政部门接到医疗机构关于重大医疗过失行为的报告或者医疗事故争议当事人要求处理医疗事故争议的申请后，对需要进行医疗事故技术鉴定的，应当交由负责医疗事故技术鉴定工作的医学会组织鉴定；医患双方协商解决医疗事故争议，需要进行医疗事故技术鉴定的，由双方当事人共同委托负责医疗事故技术鉴定工作的医学会组织鉴定。其二，改革了《办法》中的医疗事故技术鉴定委员会的层级设置。按照《办法》在省、自治区设三级医疗事故技术鉴定委员会，在直辖市设两级医疗事故技术鉴定委员会。其第12条第1款规定：省（自治区）分别成立省（自治区）、地区（自治州、市）、县（市、市辖区）三级医疗事故技术鉴定委员会。直辖市分别成立市、区（县）二级医疗事故技术鉴定委员会。而按照《处理条例》医疗事故技术鉴定委员会一般设有两级，县（不设区的县、区）除省、自治区、直辖市直接管辖的以外，不再具有负责首次医疗事故技术鉴定的权限。《处理条例》第二十一条规定：设区的市级地方医学会和省、自治区、直辖市直接管辖的县（市）地方医学会负责组织首次医疗事故技术鉴定工作。省、自治区、直辖市地方医学会负责组织再次鉴定工作。尽管相对于《办法》而言，《处理条例》还赋予了特定情况下的中华医学会的医疗事故技术鉴定权，不过此种设置更多地侧重于鉴定的客观性、公正性、准确性的追求与考量，其第二十一条第二款规定，中华全国医学会仅仅对重大疑难的案件负责首次鉴定工作。其三，设定了首次医疗事故技术鉴定的权限，一定程度上消解了医疗事故技术鉴定的乱象。《办法》没有规定医疗事故技术鉴定的首次鉴定权限问题，因此，可以说病员及其亲属或者医疗单位既可以向县级医疗事故技术鉴定委员会申请鉴定，也可以向县级以上的包括全国医疗事故技术鉴定委员会申请医疗事故鉴定。而按照《处理条例》，病员及其亲属或者医疗单位对医疗事故处理意见有异议时，一般情况下，只能向设区的市级医学会或者省、自治区、直辖市直接管辖的县（市）医学会申请鉴定，而不能向省、自治区、直辖市医学会申请鉴定，省、自治区、直辖市医学会仅负责再次鉴定工作。当然，《处理条例》立足于行政部门对医疗事故的定性以及对出现医疗事故的医疗单位及其工作人员予以行政管理或者直接地说出行政处罚之目的规定，如对医疗事故技术鉴定结论存有异议时可以申请重新鉴定，但此种申请必须向卫生行政主管部门提出。其第二十二条规定：当事人对首次医疗事故技术鉴定结论不服的，可以自收到首次鉴定结论之日起15日内向医疗机构所在地卫生行政部门提出再次鉴定的申请。此种向卫生行政部门申请重新鉴定的要求，并不能成为医疗事故技术鉴定仍具有较大行政性的重要借口。

不过《处理条例》并未规定人民法院审理患者及其亲属与医疗单位之间的民事纠纷须以医疗事故技术鉴定委员会的鉴定为依据，仅规定医疗事故技术鉴定委员会的鉴定可以在当事人双方协商解决医疗纠纷的过程中发生。换句话说，对人民法院在审理医患纠纷的过程中，可否于医疗事故技术鉴定之外再次委托鉴定语焉不详。不过，最高人民法院的《医疗纠纷通知》则实在、明确地设定了医患纠纷中的双重鉴定机制。其第二条规定：人民法院在民事审判中，根据当事人的申请或者依职权决定进行医疗事故司法鉴定的，交由条例所规定的医学会组织鉴定。因医疗事故以外的原因引起的其他医疗赔偿纠纷需要进行司法鉴定的，按照《人民法院对外委托司法鉴定管理规定》组织鉴定。人民法院对司法鉴定申请和司法鉴定结论的审查按照最高人民法院《关于民事诉讼证据的若干规定》的有关规定处理。“医疗纠纷的处理从此被人为地分为由‘医疗事故引起的’和由‘医疗事故以外的原因引起的’两类，医疗纠纷民事案件的医学鉴定也随之‘二元化’——医疗事故鉴定和医疗损害司法鉴定。在这之前的相当长时间里，医疗纠纷的处理普遍采用医疗事故鉴定。”[1]

## 二、双轨制医疗鉴定制度的差异

由于医疗事故技术鉴定和医疗过错鉴定之鉴定机构、鉴定人员组成、鉴定程序、鉴定内容、重新鉴定的启动、鉴定管辖等均存在重大的差异，对于同一纠纷可能形成完全不同的鉴定结果。对之，可具体分析如下：

### （一）鉴定机构及其人员组成

医疗事故技术鉴定由医学会组织的医疗事故技术鉴定委员具体实施，医疗事故技术鉴定委员会之鉴定主要解决的问题是医疗单位的特定医疗行为是否构成医疗事故，如果构成了医疗事故应当属于何种级别的医疗事故，以及如何对相关的医疗单位及其医疗工作人员予以行政处罚。《处理条例》第三十五条规定：卫生行政部门应当依照本条例和有关法律、行政法规、部门规章的规定，

[1] 周大林：《医疗纠纷案件鉴定二元化现象的思考与对策》，载《中国司法鉴定》2008年第3期，第50页。

对发生医疗事故的医疗机构和医务人员作出行政处理。当然，这并非说医疗事故技术鉴定的结论不能用于病员及其亲属与医疗单位之间的纠纷之处理，事实上，《处理条例》第二十一条所规定的医疗事故技术鉴定之发生情形之一就是医患双方在协商解决的过程中，要求或者申请医疗事故技术鉴定的。不过此种医患双方之间的纠纷可以是民事的纠纷，也可以是行政的，即患者及其亲属要求或者强烈主张卫生行政部门对医疗单位及其医疗人员予以行政处罚而发生的纠纷。其组成人员从医学会组织的专家库中随机抽取，作为专家库的备选人员必须具备的条件是：其一，有良好的业务素质和执业品德；其二，受聘于医疗卫生机构或者医学教学、科研机构并担任相应专业高级技术职务3年以上。

2005年2月28日第十届全国人民代表大会常务委员会第十四次会议通过的《全国人大常委会关于司法鉴定管理问题的决定》（以下简称《管理决定》）规定，一般的司法鉴定包括刑事司法鉴定和民事司法鉴定均由司法行政部门批准设立的司法鉴定中心负责实施，其主要解决的问题是司法实践中需要证明的专门性问题，这些专门性问题无法透过通常的证明方法获得证明，必须借助专家的手段和专家的智慧才能解决。尽管其具有专业性，但其首先必须是司法问题，在刑事案件中它可能是罪与非罪、此罪与彼罪、应否受到刑罚、受到何种刑罚、刑罚的具体数量等问题；而在民事诉讼中可能是当事人是否应当承担责任、承担何种责任、责任的具体量度及范围等。按照《管理决定》具备以下条件的法人或者其他组织均可申请从事司法鉴定业务：其一，有明确的业务范围；其二，有在业务范围内进行司法鉴定所必需的仪器、设备；其三，有在业务范围内进行司法鉴定所必需的依法通过计量认证或者实验室认可的检测实验室；其四，每项司法鉴定业务有三名以上鉴定人。而所有符合以下条件之一的人员均可以申请成为司法鉴定人员：其一，具有与所申请从事的司法鉴定业务相关的高级专业技术职称；其二，具有与所申请从事的司法鉴定业务相关的专业执业资格或者高等院校相关专业本科以上学历，从事相关工作五年以上；其三，具有与所申请从事的司法鉴定业务相关工作十年以上经历，具有较强的专业技能。

（二）案件的管辖不同

在案件的地域管辖方面《处理条例》并没有具体明确的规定，但根据医疗事故技术鉴定的目的可以断定，医疗事故技术鉴定存在地域管辖，即一般情况下由医疗单位所在地的医学会组织医疗事故技术鉴定。事实上，有些地方的医疗事故技术鉴定流程也明确规定，医患双方如果需要委托医疗事故技术鉴定委员会鉴定的应当向医疗机构所在地有管辖权的医疗事故技术鉴定委员会申请鉴定。[1]而对于一般的司法鉴定，由于司法鉴定更多的不是服务于行政管理，而是解决诉讼中特定的专门问题，其更多地属于社会服务方面的事项或者范畴，因此，在一般的司法鉴定中不存在地域管辖的问题。《管理决定》第八条也明确规定，各鉴定机构之间没有隶属关系；鉴定机构接受委托从事司法鉴定业务，不受地域范围的限制。在级别管辖方面，医疗事故技术鉴定委员会虽然根据《处理条例》不再属于行政部门，不再具有行政属性，相反，具有专业服务的特点或者色彩。但医疗事故技术鉴定中存在明显的级别管辖问题。按照《处理条例》第二十一条的规定，设区的市级地方医学会以及省、自治区、直辖市直接管辖的县级医学会负责首次医疗事故的鉴定问题，而省、自治区、直辖市的医学会负责再次医疗事故的技术鉴定。中华医学会特殊情况下管辖首次医疗事故技术鉴定，不存在再次鉴定的问题。

（三）鉴定内容不同

医疗事故技术鉴定作为协助卫生行政管理部门对医疗机构以及医疗工作人员进行管理的手段主要是回答或者解决医疗机构以及医护人员是否发生了医疗事故、事故级别、医疗机构及其医护人员的责任等问题。当然，由于卫生行政管理部门在对存在过失的医疗机构及其医护人员予以行政处罚的同时，也可以就医患双方的民事赔偿问题进行行政调解，同时，为了方便此种调解，尽可能促使调解的客观、公正，医疗事故技术鉴定中，也附带涉及医疗单位的医疗过失问题，以及该过失与患者损害之间的因果关系等问题。

---

[1] 具体参见湖南省湘潭市的《医疗事故即时鉴定制度》，载http://www.xiangtan.gov.cn/new/wszf/rdzt/ygqlyx/swsj/content_12614.html，访问时间：2015年3月10日。

《处理条例》第三十一条第二款规定：医疗事故技术鉴定书应当包括下列主要内容：（一）双方当事人的基本情况及要求；（二）当事人提交的材料和负责组织医疗事故技术鉴定工作的医学会的调查材料；（三）对鉴定过程的说明；（四）医疗行为是否违反医疗卫生管理法律、行政法规、部门规章和诊疗护理规范、常规；（五）医疗过失行为与人身损害后果之间是否存在因果关系；（六）医疗过失行为在医疗事故损害后果中的责任程度；（七）医疗事故等级；（八）对医疗事故患者的医疗护理医学建议。一般的司法鉴定，涉及或者针对的问题是能够影响当事人双方民事权利与义务关系的主要事实[1]，具体到医患民事诉讼中的司法鉴定，其主要解决的是医疗机构及其医护人员是否存在医疗过错，以及如果存在医疗过错，该过错与患者损害之间的因果关系。其不关心医疗单位及其医护人员的行为是否构成了医疗事故，更不关心对医疗单位及其医护人员的行政处罚问题。“医疗纠纷案件的诉讼案由可有不同，但究其本质应属民事诉讼，按照侵权责任法的一般理解，委托此类案件的司法鉴定时，其核心委托事项主要是：医疗单位是否存在医疗过错（或过失）；是否造成了患者的人身损害后果；医疗过错（或过失）与人身损害后果是否存在因果关系；因果关系的参与程度如何确定等方面。”[2]

（四）鉴定的启动以及鉴定人员的确定方式不同

依据《处理条例》第二十条的规定，医疗事故技术鉴定的启动主要有两种

---

[1] 主要事实，是指能够导致民事实体法律关系产生、变更或者终止的与民事实体法律规范中的条件规范相对应的事实，但其比理论上通常采用的要件事实概念具有更大的包容性和实践中的适用性。例如，在民事侵权案件中，主观过错是一个与民事实体法律规范中的条件规范相对应的要件事实，但是在许多情况下某具体事实的存在，可以直接认定为当事人已经存在主观过错。例如，在医患纠纷中，医护人员没有按照法律规定的要求从事医疗操作，或者医护人员不具备相应的医疗资格等，这些事实均称为主要事实。换句话说，每一个主要事实都具有要件事实的功用，但要件事实可以是许多类型的主要事实，两者之间不存在一一对应的关系。

[2] 夏文涛、程亦斌、金纪文、邹合强：《医疗纠纷司法鉴定的程序设计》，载《中国司法鉴定》2008年第5期，第4页。

方式：其一，卫生行政部门指派鉴定。此方式是医疗事故技术鉴定的通常方式，其在卫生行政部门认为医疗机构及其医护人员的行为已经构成了医疗事故，需要对其作出相应的行政处罚时，必须指定医疗机构所在地的医疗事故技术鉴定委员会进行鉴定，从而实现行政处罚的“以事实为根据，以法律为准绳”。其二，医患纠纷中的双方当事人申请鉴定。此方式仅仅是鉴定程序启动的补充方式，而非主要方式。其通常发生在卫生部门认为不存在医疗事故或者存在医疗事故但对医疗事故与患者损害间的因果关系等存在争议时。而且按照《处理条例》的规定，此种当事人双方的启动条件也相对严格，必须由医患双方共同委托。换句话说，医患任何一方都不具有单独委托医疗事故技术鉴定的资格。鉴定程序启动后，医疗事故技术鉴定中鉴定人员的确定方法一般是双方当事人随机抽取的方式，以当事人随机抽取的专家作为鉴定人。《处理条例》第二十四条第二款规定：参加医疗事故技术鉴定的相关专业的专家，由医患双方在医学会主持下从专家库中随机抽取。在特殊情况下，医学会根据医疗事故技术鉴定工作的需要，可以组织医患双方在其他医学会建立的专家库中随机抽取相关专业的专家参加鉴定或者函件咨询。

一般的司法鉴定中鉴定程序的启动主要是采取当事人申请的方式，按照“谁主张，谁举证”的原则，任何负有举证责任的当事人均可以申请鉴定。即使是不负举证责任的当事人，为了提出反证的目的仍然可以申请鉴定。2002年4月1日实施的最高人民法院《关于民事诉讼证据的若干规定》（以下简称《证据规定》）第二十五条第一款规定：当事人申请鉴定，应当在举证期限内提出。符合本规定第二十七条规定的情形，当事人申请重新鉴定的除外。只有在特定的情况下，对于特定的案件或者特定的案件事实，才可以由法院依据职权启动鉴定程序。除此以外，当事人一方还可以在未经法院允许，或者不经过法院委托的情况下，直接委托鉴定人予以鉴定，尽管《证据规定》对此种鉴定意见的证据资格进行了一定的限制，规定对方当事人有证据反驳时可以重新申请鉴定，但仍未从根本上杜绝此种鉴定的启动方式。《证据规定》第二十八条规定：一方当事人自行委托有关部门作出的鉴定结论，另一方当事人有证据足以反驳并申请重新鉴定的，人民法院应予准许。在鉴定人员的选择方面，一般的司法鉴定中，即使在法院依据职权启动鉴定程序的情况下，为实现司法的正当性，并促进当事人对司法裁判的认同、接受，提高司法裁判的权威性，法院一般采取让当事人协商的方式选定鉴定机构或者直接选定鉴定人。只有于当事人协商不能形成一致意见的情况下，法院方可依职权指定鉴定机构或者直接指定鉴定人。《证据规定》第二十六条规定：当事人申请鉴定经人民法院同意后，由双方当事人协商确定有鉴定资格的鉴定机构、鉴定人员，协商不成的，由人民法院指定。

（五）对于重新鉴定的要求不同

《处理条例》对再次鉴定所作的限定较为宽松。一方面，《处理条例》没有具体规定再次鉴定的具体、明确的条件，软性的条件以及对该条件审查时的较大的自由裁量权，必然降低或者在较大程度上降低再次鉴定的门槛。而且根据《处理条例》医患双方当事人以及卫生行政部门均可以启动再次医疗事故技术鉴定。《处理条例》第三十九条规定了医患双方当事人的再次鉴定申请权，而其第四十二条则赋予卫生行政部门以再次鉴定的启动权。另一方面，《处理条例》虽然规定了再次鉴定的专属管辖权，但并没有严格限制再次鉴定的具体次数，换句话说，只要由省、自治区、直辖市的医学会负责再次医疗事故技术鉴定的再次鉴定，其鉴定次数法律却并未禁止。对一般司法鉴定的重新鉴定，《证据规定》作了非常严格的限制，此种限制包含两个方面：其一，规定了重新鉴定的具体条件，限制了许可重新鉴定的自由裁量权。《证据规定》第二十七条第一款规定：当事人对人民法院委托的鉴定部门作出的鉴定结论有异议申请重新鉴定，提出证据证明存在下列情形之一的，人民法院应予准许：（一）鉴定机构或者鉴定人员不具备相关的鉴定资格的；（二）鉴定程序严重违法的；（三）鉴定结论明显依据不足的；（四）经过质证认定不能作为证据使用的其他情形。《证据规定》第二十八条规定的一方当事人自行委托鉴定时的重新鉴定条件也相对严苛，即对方当事人必须提供证据并使之达到足可反驳鉴定意见的程度，才可申请重新鉴定。其二，在可通过其他方式弥补原鉴定意见缺陷的情况下，尽可能地避免重新鉴定。《证据规定》第二十七条第二款规定：对有缺陷的鉴定结论，可以通过补充鉴定、重新质证或者补充质证等方法解决的，不予重新鉴定。

## 三、双轨制鉴定的对立与冲突

2003年1月6日最高人民法院的《医疗纠纷通知》将医患之间的纠纷分为两种类型：其一，由于医疗机构的医疗事故而导致的医患双方之间的民事赔偿纠纷，对之，最高人民法院认为应当严格采取医疗事故技术鉴定的方法，并按照《处理条例》的规定办理。在具体的鉴定启动过程中，既可以由医患双方当事人申请医疗事故技术鉴定，也可以由人民法院依职权启动医疗事故鉴定程序。其二，由医疗事故以外的其他原因或者其他医疗过失导致的医患双方之间的民事赔偿纠纷，对之，最高人民法院认为应当严格按照一般司法鉴定的方法处理此种一般民事纠纷的专门问题。由医患双方当事人申请鉴定，或者在特定的情况下由法院依职权启动鉴定程序。两种鉴定机制之间的对立与冲突主要表现在以下方面：

### （一）同案不同判

虽然按照最高人民法院的《医疗纠纷通知》，此两种鉴定的申请和审查均需依据最高人民法院2002年4月1日实施的《证据规定》办理，但具体的鉴定机构、鉴定程序、重新鉴定等均需按照不同的法规办理。在依据不同法规办理的情况下，由于此两种鉴定渠道存在的重大差异，并因此可能造成两种鉴定机制之间的不一致，或者是鉴定意见的对立。换句话说，对于同一案件，如果按照一般的司法鉴定程序，可能得出医疗机构及其医护人员存在医疗过失，且此种过失与患者损害之间存在直接因果关系，而按照医疗事故鉴定，却有可能出现相反的结论，即医疗事故技术鉴定的结果是不存在医疗事故，医疗机构及其医护人员也不存在医疗过失，或者存在医疗过失，但该过失与患者损害之间不存在因果关系。总之，对于同一案件，按照一般的司法鉴定，患者可能是最后的胜诉者，并获得相应的司法救济；而按照医疗事故技术鉴定，患者最终可能会失去诉讼，并无法获得应有的救济。相当数量的医患之间的尖锐冲突均是在患者无法获得通常的或者正常的救济的情况下发生的。

鉴定机构以及鉴定人员的不同确定方法，有理由使患者及其亲属相信或者怀疑医疗事故技术鉴定的结果可能更加有利于医疗机构及其医护人员，而一般的司法鉴定相对有利于患者。诚如前面的研究内容所揭示的那样，医疗事故技术鉴定中存在地域管辖的规定和要求，即此种鉴定一般由医疗机构所在地的设区的市级医学会或者省、自治区、直辖市直接管辖的县级医学会负责。尽管采取从专家库中随机抽取专家的方法，尽管可以申请鉴定人员回避，但地域的有限性以及人情社会的传统文化，足以使患者可以合理地怀疑对方当事人即医疗机构及其医护人员更能具体实施医疗鉴定的鉴定人员施加于己有利的影响。当然，在患者对医疗事故技术鉴定意见有异议时，可以依据《处理条例》的规定，在法定时间内申请再次鉴定。不过，再次鉴定不仅增加了患者实现救济的难度，而且再次鉴定能否纠正原鉴定意见的瑕疵，也颇成疑问。

事实上，在课题组成员所在单位办理的张某等医疗事故罪的案件能够在一定程度上说明这个问题。该案的基本情况是患者刘某于山东省某医院就诊，治疗其脊椎瘤，张某在切除该脊椎瘤后的止血过程中，止血方法不当，致使患者脊椎神经受到严重损伤，整个下肢失去知觉，无法行动。患者首先提起民事诉讼，并在民事鉴定之背景下，获得胜诉判决。其后，患者的亲属又向侦查机关控告，要求追究张某等的医疗事故罪。由于在民事案件的办理过程中，已经就该案作了司法鉴定，司法鉴定也对医疗机构是否存在过失，以及该过失与患者损害之间是否存在因果关系给出了明确的意见，且不符合其他的重新鉴定的条件，办案机关希望其他鉴定机构予以重新鉴定的希望没有实现。案件办理过程中，办案机关组织了一个由九人组成的案件专门问题咨询委员会，这九个人均为当地知名医疗机构的医疗专家。该咨询委员会的最终意见是张某等不存在重大的过失或者故意，不具备构成医疗事故罪的主观条件。

同一案件或者同类案件不能获得一致的判决，此在较大的程度上影响了司法的统一性，并使人民法院在一定程度上背离了其统一适用法律的历史使命。必须注意，法律的确定性、稳定性、统一性是法律的生命。为保障法律的统一适用、准确适用，当代世界各国均探索设立了多种司法机制，例如，审判前统一的司法资格考试制度，以确保司法者能对法律予以统一的、一致的把握与理解；审判过程中的上诉制度，以保障下级法院之对案件的统一处理；审理完毕的判决理由的论证与公开制度，此种公开不仅能在一定程度上约束裁判者，使裁判者的审判权能够在阳光下行使，而且透过此种论证以及各种论证之间的对比，也能够在一定程度上促进法律的统一适用。此种统一性与法律的可预见性具有表里一致的关系，换句话说，法律的统一性促进法律的可预见性，缺乏统一性的法律，即意味着法官对法律的适用具有不确定性，因此，此种情况下的法律及法律适用对当事人而言，也缺乏可预见性。[1]

（二）医患双方就医疗行为定性分歧时的尴尬

尽管医患双方当事人选择不同鉴定机制可能产生不同的处理结果，并最终影响司法的统一性，法律的统一适用性以及当事人对法律的可预测性，但对具体个案而言，只要当事人一致地选择医疗事故技术鉴定或者医患纠纷司法鉴定，均不会影响个案中当事人对法院具体案件处理结果的接受。或者更直接地说当事人一致选择下的双轨制医疗鉴定制度，并不会在影响当事人接受法院的裁判，不会影响法院裁判的当事人可接受性。从而在根本上不会影响具体纠纷解决中的案结事了的司法追求的理想的法律效果。医疗事故鉴定双轨制的相对合理性得以存在或者得以维系的前提是医患双方当事人对医疗结构及其医护人员的医疗行为是否构成医疗事故没有分歧前提，即双方均同意按照医疗事故鉴定方法处理双方的纠纷，或者双方均不同意按照医疗事故处理双方的纠纷。不过，医患纠纷时双方利益、情绪或者情感等方面的对立常使此种医患双方之间的合意缺乏现实合理性或者现实基础，相反，更多出现的是医患双方在鉴定机制选择上的对立与分歧。对此问题，课题组曾以调查问卷的方式进行调查。在课题组对模拟患者的100名大学生进行的问卷调查中，92名被调查者认为自己可能选择一般的司法鉴定，而不选择医疗事故技

[1] ［澳大利亚］斯贝格尔曼：《人权、法治与判决书的推理》，载《人民法院报》2003年11月24日。

术鉴定；[1]而在课题组对50家医疗机构的问卷调查中，12家医疗机构认为自己倾向于走医疗事故鉴定程序。[2]促使患者及其亲属与医疗机构之选择的动机表现在以下方面：

其一，医疗事故损害赔偿和非医疗事故损害赔偿采取不同的赔偿方法和赔偿标准。根据《处理条例》第五十条的规定，以医疗机构及其医护人员的医疗行为构成医疗事故为理由提起的损害赔偿之诉的赔偿内容包括医疗费、误工费、住院伙食补助费、陪护费、残疾生活补助费、残疾用具费、丧葬费、被扶养人的生活费、交通费、住宿费、精神损害抚慰金；根据最高人民法院2003年发布的《关于审理人身损害赔偿案件适用法律若干问题的解释》（以下简称《人身损害赔偿解释》），非医疗事故引起的民事赔偿诉讼，受害人可以要求赔偿的范围包括医疗费、误工费、护理费、交通费、住宿费、住院伙食补助费、必要的营养费。受害人因伤导致残疾的，受害人因增加生活上的需要所支出的必要费用及因丧失劳动能力所致的收入损失，包括残疾赔偿金、残疾辅助器具费、被扶养人生活费，以及因康复护理、继续治疗实际发生的必要的康复费、护理费、后续治疗费，赔偿义务人也应当予以赔偿。如果被害人死亡的，侵害人还应当赔偿受害人及其亲属相应的丧葬费、被扶养人生活费、死亡补偿费以及受害人亲属办理丧葬事宜支出的交通费、住宿费和误工损失等其他合理费用。当然，侵害人在必要的情况下还应当向被害人或者其亲属支付精神损害抚慰金。《人身损害赔偿解释》第十八条第一款规定：受害人或者死者近亲属遭受精神损害，赔偿权利人向人民法院请求赔偿精神损害抚慰金的，适用《最高人民法院关于确定民事侵权精神损害赔偿责任若干问题的解释》予以确定。由此可以看出，按照医疗事故处理时

[1] 对模拟患者的问卷调查的基本内容是：如果你作为患者在诊治过程中受到损害，你会选择何种途径解决你与医院之间的纠纷；如果你选择诉讼解决，而诉讼解决中需要鉴定，你会选择医疗事故技术鉴定还是医疗纠纷司法鉴定；你作出上述选择的理由是什么？对于医疗事故技术鉴定你认为是否还有存在的必要？

[2] 对医疗机构的问卷调查也基本上采取了与对模拟患者大体一致的内容。

的赔偿不包括营养费、后续治疗费以及被害人死亡时办理丧事所需要的交通费、住宿费等内容。

其二，人身损害的赔偿标准也有较大的差异。就误工费的计算而言，《处理条例》规定的误工费的计算标准是：患者有固定收入的，按照本人因误工减少的固定收入计算，对收入高于医疗事故发生地上一年度职工年平均工资3倍以上的，按照3倍计算；无固定收入的，按照医疗事故发生地上一年度职工年平均工资计算。而《人身损害赔偿解释》规定的误工费是：受害人有固定收入的，误工费按照实际减少的收入计算。受害人无固定收入的，按照其最近三年的平均收入计算；受害人不能举证证明其最近三年的平均收入状况的，可以参照受诉法院所在地相同或者相近行业上一年度职工的平均工资计算。总体来说，两者之间的差别不是特别大，但对于收入水平较高的患者而言，《人身损害赔偿解释》规定的误工费相对较高，且不受医疗事故发生地上一年度职工平均工资3倍的限制。而对于伤残赔偿金两者的计算方法则表现出更大的差别，并在促使医患双方当事人不同的选择方面产生重大影响。《处理条例》规定的医疗事故损害赔偿中残疾赔偿仅赔偿被害人一定的生活费，其名称也被称为残疾生活补助费。具体的计费标准或者方法是：根据伤残等级，按照医疗事故发生地居民年平均生活费计算，自定残之月起最长赔偿30年；但是，60周岁以上的，不超过15年；70周岁以上的，不超过5年。而按照非医疗事故的人身损害赔偿，受害人则可以要求侵害医疗机构赔偿残疾赔偿金，其基本的计费标准是被害人的收入。具体计算方法是：残疾赔偿金根据受害人丧失劳动能力程度或者伤残等级，按照受诉法院所在地上一年度城镇居民人均可支配收入或者农村居民人均纯收入标准，自定残之日起按20年计算。但60周岁以上的，年龄每增加1岁减少1年；75周岁以上的，按5年计算。这样，按照非医疗事故损害赔偿纠纷处理，患者将得到远高于医疗事故损害赔偿的赔偿金。以山东省60岁的城镇居民患者为例，可对此作出说明。山东省2013年城镇居民人均可支配收入为28264元，人均生活消费支出为17112元。[1] 假定根据患者的伤残等级及丧失劳动能力程度，该患者的伤残赔偿系数是0.5，则按医疗事故损害赔偿所得到的残疾生活补助费是：17112×30×0.5=256680元；而按照非医疗事故损害赔偿所获得的残疾赔偿金是：28264×20×0.5=282640元。

同样地，针对被抚养人的生活费计算上，也存在重大差异。《处理条例》第五十条第八项规定：被扶养人生活费：以死者生前或者残疾者丧失劳动能力前实际扶养且没有劳动能力的人为限，按照其户籍所在地或者居所地居民最低生活保障标准计算。对不满16周岁的，扶养到16周岁。对年满16周岁但无劳动能力的，扶养20年；但是，60周岁以上的，不超过15年；70周岁以上的，不超过5年。其计算标准是被害人户籍所在地或者居所地居民的最低生活保障标准。而《人身损害赔偿解释》第二十八条规定：被扶养人生活费根据扶养人丧失劳动能力程度，按照受诉法院所在地上一年度城镇居民人均消费性支出和农村居民人均年生活消费支出标准计算。被扶养人为未成年人的，计算至十八周岁；被扶养人无劳动能力又无其他生活来源的，计算二十年。但六十周岁以上的，年龄每增加一岁减少一年；七十五周岁以上的，按五年计算。以山东省60岁的城镇居民以及10岁的被抚养人为例，可对之作出具体的说明。2013年山东省城镇居民消费性支出为17112元，则按照非医疗事故损害赔偿纠纷处理，其10岁的被抚养人的生活费是：17112×8 =136896元；课题组没有收集到山东省2013年城镇居民最低生活保障的具体统计数字，但是收集到了淄博市2013年城镇居民最低生活保障的具体统计数字。淄博市应当属于山东省相对发达的城市，其城镇居民最低生活保障标准至少不会低于全省的平均水平，可以之作为计算的标准或者统计的对象。2013年淄博市城镇居民最低生活保障标准为每月360元，2013年10月1日后提高到420元。即使按每月420元计算，每年的最低生活保障标准才5040元。则按照医疗事故损害赔偿纠纷处理，受害人可以获得的被抚养人的生活费为5 040×6 =30240元。

假定医患双方均为利益计算的理性人，则双方必然会选择不同的处理路

[1] 具体统计数字可参见《2013年山东省国民经济和社会发展统计公报》。

径。详言之，医疗机构及其医护人员会选择以医疗事故损害赔偿的方式解决纠纷，而患者及其亲属可能更多地倾向于以非医疗事故损害赔偿的方式解决其与医疗机构之间的纠纷。当然，这并非意味着患者在以非医疗事故损害赔偿纠纷解决以后不能再要求卫生行政主管部门以存在医疗事故为由要求追究相关医疗机构及其医护人员的行政责任，有些患者或者其亲属还可能要求追究相关医护人员的刑事责任。不过此种情况多发生在患者及其家属没有获得满意的民事赔偿的情况下，且其启动行政程序或者刑事程序的根本目的也不是追究特定医疗机构及其医护人员的行政责任或刑事责任，而是要求获得民事赔偿判决之外的更加有利的民事赔偿。不过必须进一步分析，何以作为纠纷一方当事人的医疗机构也会作出与患者大体一致的选择呢？对此课题将在其后的研究中予以分析。

那么，现实的法律规定是否为医患双方各自选择不同的法律空间？质言之，如果于具体的医疗纠纷民事诉讼中，医患双方没有选择以医疗事故为由或者以非医疗事故为由进行诉讼的选择权，则可以说法律为当事人提供了选择采取不同路径解决纠纷的法律空间，反之，则可以说法律没有为当事人提供可选择的法律空间。具体来说，于《处理条例》以及《医疗纠纷通知》实施之前，医患之间的纠纷依据《办法》的规定办理，医患双方如果对医疗行为是否属于医疗事故以及医疗事故等级等医疗事故鉴定有异议的，人民法院不予受理。换句话说，在诉讼之前必须先就医疗事故问题作出确定性的判断，医疗事故鉴定是医患纠纷处理的必要前置程序。一旦进入诉讼，则不存在当事人双方选择的问题。而《处理条例》则未继承《办法》上的精神，并不再以医疗事故鉴定作为医疗纠纷诉讼的前置程序。《处理条例》第四十六条规定，发生医疗事故的赔偿等民事责任争议，医患双方可以协商解决；不愿意协商或者协商不成的，当事人可以向卫生行政部门提出调解申请，也可以直接向人民法院提起民事诉讼。同时，根据《处理条例》的规定，当事人双方之一，特别是患者及其亲属向法院提出的民事诉讼具有终止行政部门的行政处理的后果，进一步许可了当事人于医疗事故鉴定之前提起民事诉讼的权利。《处理条例》第四十条规定：当事人既向卫生行政部门提出医疗事故争议处理申请，又向人民法院提起诉讼的，卫生行政部门不予受理；卫生行政部门已经受理的，应当终止处理。承继《处理条例》的立法旨趣，《医疗纠纷通知》也实在、直接地承认了当事人的选择权，当事人以医疗事故或者法院认为应当以医疗事故为由启动医疗事故技术鉴定程序，也可以选择非医疗事故的司法鉴定程序。

## 第二节 医疗纠纷鉴定双轨制存在的原因

医疗纠纷鉴定双轨的制存在有其时代背景，并且是多种原因相互作用的结果，但就课题组的研究而言，导致医疗纠纷鉴定双轨制存在的主要原因可以概括为以下几个方面：

### 一、对司法鉴定的规律缺乏科学的认识

司法鉴定就其存在的必要性来说，司法鉴定是为了解决诉讼中的专门问题而设置的一个道具。如果司法裁判者有足够的法律之外的专业知识，则没有司法鉴定制度存在的必要性，如果司法裁判者是神示证据制度下全能的、万能的，可以知天文、晓地理、通古今的神灵，则不仅不需要司法鉴定，也无其他证据发挥作用的空间。证据裁判主义只有在神示证据制度退出历史舞台以后才得以确立，是发现真理之诉讼框架的必要组成部分。科学技术的发展、专业分工的细化和深化，使依靠科学技术、科学知识的司法鉴定有更大的发挥作用的空间，科学技术及其支撑的司法鉴定越来越成为司法运行的助推器。随着司法活动中遇到的各种专门性问题越来越多、越来越复杂，涉及的学科专业门类和知识领域越来越广泛。在当今分工高度专业化和更加广泛的社会化协作的社会背景下，司法机关和当事人在诉讼中，如何通过合理的制度安排，分享科技发展的成果，依靠科学技术为诉讼活动的顺利进行提供有力的科学保障和技术支

撑，已成为当前司法体制改革的一项紧迫任务。[1]但在我国传统的诉讼体制和诉讼模式之下，甚至在传统的社会管理模式之下，司法鉴定并不是被各部门、各机关作为或者首要地作为解决诉讼中专门问题的机制，作为民事诉讼或者刑事诉讼助推器对待的，而是作为各部门自我服务的一种工具，通过这种工具的自我服务，可以分得一定的司法鉴定的管理权，并因此可以在对于专门问题处理的管理中获得一定的人、财、物等社会资源，从而凸显出其部门利益和部门优势。不仅各种类型的鉴定分别属于不同的部门管理，缺乏统一的管理规范，导致司法鉴定管理机构多头设置、重复设置、低水平设置。表现为："司法鉴定管理工作明显滞后于司法鉴定的发展，导致一些地方鉴定机构多头设置，管理混乱，低水平重复建设与整体投入严重不足的现象并存。"[2]而且，各部门设置并管理的司法鉴定，首先赋予其自身的工作任务之完成或者工作目标之实现。例如，侦查阶段的司法鉴定服务于其侦查工作，检察阶段的司法鉴定服务于其检察工作的需要，而法院的司法鉴定则服务于其审判工作的需要，行政机关管理的鉴定，服务于其自身的行政管理工作之需要。结果是"计划经济体制下形成的部门所有、各搞一套、自成体系的多头管理体制与统一规范管理的客观要求之间存在着日益尖锐的矛盾"。[3]"分散管理体制尽管在特定的历史阶段为司法活动和广大公众提供服务发挥了重要作用，但是其突出的制度构造弊端已经无法适应今天飞速发展变化的经济、社会和法制建设的需要。"[4]

具体到医疗纠纷中鉴定制度，即《处理条例》中所设置的医疗事故技术鉴定，在一定程度上可以说是《办法》所规定的医疗事故鉴定制度的延续与改

---

[1] 霍先丹：《论司法鉴定体制改革的实践与探索》，载《中国司法鉴定》2007年第1期，第2页。

[2] 霍先丹：《论司法鉴定体制改革的实践与探索》，载《中国司法鉴定》2007年第1期，第2页。

[3] 霍先丹：《论司法鉴定体制改革的实践与探索》，载《中国司法鉴定》2007年第1期，第2页。

[4] 张军：《我国司法鉴定制度的改革与完善》，载《中国司法鉴定》2008年第2期，第2页。

革，按之，医疗事故技术鉴定意见虽然可以作为处理以医疗事故为由而提起的民事赔偿之诉的依据，但其主要的目的是作为卫生行政机关对医疗机构及其医护人员进行行政管理的依据。尽管《处理条例》已经将医疗事故鉴定委员会的组织单位由卫生行政部门改革为医学会，不过，卫生行政机关仍对其有相当的影响与制约力。这不仅表现在行政机关可以依据职权主动委托医疗事故鉴定上，也表现在行政机关启动再次医疗事故技术鉴定的权限方面。由于多部门管理之下，鉴定的启动还不是法院或者诉讼当事人专享的权利（权力），而且与现行的诉讼体制不同，法院以及诉讼体制中均缺乏排除机制或者质疑机制，以排除或者质疑其他机关或者其他部门启动的鉴定程序所达成的结果。这样，医患纠纷中的医疗事故技术鉴定就不仅具有诉讼外的正当性，还具有诉讼中的正当性。

当然，仅有法院对行政主导的医疗事故技术鉴定的依赖或者认可尚不足以说明何以在医疗纠纷民事诉讼中存在鉴定双轨制，不过在理论上以及实践中均存在非因医疗事故，而是因其他医疗过失行为所致的医患之间的民事赔偿纠纷，此时依据《处理条例》的规定不能按照医疗事故技术鉴定及其为基础的民事赔偿机制予以办理。《处理条例》第四十九条规定：医疗事故赔偿，应当考虑下列因素，确定具体赔偿数额：（一）医疗事故等级；（二）医疗过失行为在医疗事故损害后果中的责任程度；（三）医疗事故损害后果与患者原有疾病状况之间的关系。不属于医疗事故的，医疗机构不承担赔偿责任。而且《处理条例》也规定了特定情况下不属于医疗事故的诊疗行为所引发的民事赔偿纠纷的具体办法，即不能采取医疗事故赔偿的方法，而是由患者直接提起普通的民事诉讼予以解决。《处理条例》所规定的此种特殊情况即是非法行医致人损害的情形，其第六十一条规定：非法行医，造成患者人身损害，不属于医疗事故，触犯刑律的，依法追究刑事责任；有关赔偿，由受害人直接向人民法院提起诉讼。北京市高级人民法院法官陈特认为非医疗事故致人侵害的情形主要有5种。陈特法官说，鉴于目前患者在医疗纠纷案件中所处的不利地位，北京市法院在审理医疗纠纷案件中，对于5种虽然不构成医疗事故的情况，也将判决医疗机构承担赔偿责任：（1）虽然经鉴定不构成医疗事故，但是经法院对案件的审理，认为医院在处理该病例时有明显的不当或者过失，按照《民法通则》将判决医疗机构承担赔偿责任；（2）法院在审理案件中发现医院有修改病历的行为，造成鉴定结果不真实；（3）医院在治疗中由于使用了假药延误了患者治疗；（4）有证据证明对患者救治的医务人员本身没有合法资质；（5）医院没有对患者和家属尽到告知义务的情况，也将判决医疗机构承担赔偿责任。

课题组通过资料收集以及实证调研认为非医疗事故行为致人侵害导致民事诉讼的情形，除《处理条例》规定的非法行医之情形外，还包括以下几种情况：

其一，虽然医疗机构及其医护人员的诊疗行为已经构成了医疗事故，且双方均认为构成了医疗事故，但医患双方均不申请医疗事故技术鉴定，卫生主管部门由于主客观原因没有发现该医疗事故的发生，尽管其可以依据职权主动启动医疗事故技术鉴定程序，不过缺乏相关信息情况下的职权启动即形同虚设，医患双方对本属于医疗事故纠纷的案件，完全可以以非医疗事故为由提起民事诉讼。课题组进行的调研表明92%的模拟患者愿意选择以非医疗事故的模式解决其争议，课题前面的研究也表明，两种不同模式处理下的不同赔偿机制和赔偿数量，是模拟患者此种选择的最大的驱动力。换句话说，以非医疗事故模式处理医患之间的赔偿诉讼或者赔偿争议，在经济利益上有利于患者，而非医疗机构。而调研表明仅有24%的被调查的医疗机构倾向于选择以医疗事故模式处理双方之间的争议。如果仅从经济利益的角度无法合理说明或者解释何以多数医疗机构会选择对其经济利益不利的非医疗事故处理模式，何以医疗机构会舍弃其有利的经济利益，而与患者在纠纷模式的选择上形成合意。医疗机构令人费解的选择倾向，并非是其非理性的注脚，而是其理性算计的重要阐释。医疗机构除追求其经济利益的实现以外，还关注非经济利益，如职业荣誉或者职业声誉、执业资格、行政评价等，这些因素可能或者必然地为其带来长远的经济利益和经济效益，远比暂时的经济利益得失要重要。事实上，按照医疗事故模式处理医患纠纷，虽然可以暂时满足医疗机构及其医护人员暂时的、短期的经济利益，却损害其长远利益。医疗事故处理模式不仅解决医患之间的民事赔偿问题，更多地涉及对医疗机构及其医护人员的行政处罚问题。《处理条例》之第五章罚则，设定了对医疗机构及其医护人员于构成医疗事故之背景下的各种形式的处罚，从最轻的警告到严重的吊销医疗机构的执业许可证以及吊销医护人员的执业证书或者资格证书。而且在发生医疗事故的情况下，医患双方之间的民事赔偿之解决并不能成为减轻或者免除对医疗机构及其医护人员行政处罚的依据，即使通过民事诉讼作出了民事赔偿的判决，仍不能终结医疗事故的行政处罚程序。《处理条例》第四十四条规定：医疗事故争议经人民法院调解或者判决解决的，医疗机构应当自收到生效的人民法院的调解书或者判决书之日起7日内向所在地卫生行政部门作出书面报告，并附具调解书或者判决书。课题调研中12家选择以医疗事故模式处理医患争议的医疗机构，多是规模较小、经济效益不好的小型医疗机构，如某市精神病医院；还有个别的属于私立医院，医护人员具有一定的流动性，如某市女子医院。

其二，医患双方均认为医疗机构及其医护人员的医疗行为没有构成医疗事故，患者以非医疗事故为由提出民事赔偿诉讼，医疗机构及其医护人员没有相反意见的。此种情况多是医疗机构及其医护人员的诊疗行为存在过失，但此种过失程度及其所致的损害结果程度尚不足以构成医疗事故的情形。例如，医疗机构及其医护人员对早期登革热患者，根据其发烧、畏寒、恶心、呕吐等症状，在患者未提供其到过登革热疫区信息的情况下按一般的感冒诊疗救治，存在一定的过失，但此种过失尚不致构成医疗事故的程度仅仅属于轻微过失。此种过失导致患者损害发生纠纷的，仍需对医疗机构及其医护人员有无过失，以及该过失与患者损害之间是否有直接因果关系予以鉴定。

其三，民事诉讼发生之前，医患双方已经申请了医疗事故技术鉴定，医疗事故技术鉴定表明医疗机构及其医护人员的诊疗行为不属于医疗事故，不能以医疗事故模式获得赔偿，但患者及其亲属仍提起民事诉讼要求医疗机构赔偿其损失的。按照1992年最高人民法院的《若干意见》若患者及其亲属坚持认为医疗机构及其医护人员的诊疗行为构成医疗事故，即对医疗事故技术鉴定存有异议，则不能向人民法院提起民事诉讼，向人民法院提起诉讼的，人民法院不予受理。而患者对医疗事故技术鉴定结论无异议，但以非医疗事故模式提起民事赔偿之诉的情形，《若干意见》未作具体规定。但依据《医疗纠纷通知》的规定，此种情况患者或者其亲属可以向法院提起民事诉讼，在符合民事诉讼法规定的其他起诉条件的情况下，人民法院也应当受理该类案件。最高人民法院2015年1月30日发布的《最高人民法院关于适用〈中华人民共和国民事诉讼法〉的解释》（以下简称《民诉解释》）也改变了以往的规定，删除了限制当事人于对医疗事故鉴定结论有异议时的起诉权的规定和内容。

其四，医患双方均认为医疗机构及其医护人员的医疗行为属于医疗事故，且经过了医疗事故鉴定，双方均对医疗事故技术鉴定结论没有异议，患者或者其亲属以医疗事故模式提起民事赔偿之诉，但人民法院在审理过程中认为不属于医疗事故的。

## 二、对民事诉讼规律缺乏科学的认识

民事诉讼活动作为一种社会现象或者社会活动有其特有的规律和内在的质的规定性，只有严格按照其特有的规律设定以及进行民事诉讼活动，才能促进民事诉讼活动的顺利进行，并可能达成民事诉讼所追求的诉讼目标，实现其诉讼目的。传统民事诉讼研究的简单化、概括化使民事诉讼理论以及民事诉讼立法缺乏对民事诉讼规律的关注，影响了民事诉讼法的科学性和民事诉讼活动的科学性。例如，在相当长的历史时期内，按照民事诉讼与刑事诉讼同质的角度或者思路理解民事诉讼活动，设定民事诉讼活动。不仅在证明标准方面，长期以来未确立具有民事诉讼特色的民事证明标准，在对当事人陈述的定性方面以及对当事人陈述的作用认识方面，更多地受到了刑事诉讼法的影响等。尽管伴随着民事诉讼理论研究的独立和深入，民事诉讼立法越来越体现民事诉讼的特定规律，但民事诉讼立法中仍有相当部分没有反映民事诉讼的规律，甚至在一定程度上背离了民事诉讼的基本规律。课题组经过研究认为，与医疗纠纷鉴定双轨制相关的关于对民事诉讼规律的错误认识与把握主要体现在以下几个方面：

### （一）关于民事诉讼对象的认识与实践

民事诉讼的对象在民事诉讼理论上称为诉讼标的，我国传统的民事诉讼理论中确实有对诉讼标的问题的研究，此种研究受苏联民事诉讼立法以及民事诉讼理论的影响，更多地具有与西方国家特别是大陆法系国家和地区的旧实体法说的理论相似的属性，即认为民事诉讼标的是当事人争议的诉诸法院要求解决的民事实体法律关系，或者以旧实体法说的描述方法，民事诉讼标的是当事人以实体为依据向法院提出的要求法院予以司法保护的民事实体权利。认识到旧实体法的局限性，在大陆法系的其他国家和地区先后又出现了诉讼法说的诉讼标的理论、新实体法说的诉讼标的理论、二分肢的诉讼标的理论等，我国也有部分民事诉讼法学者详细介绍了西方大陆法系国家的诉讼标的理论沿革。[1]尽管我国传统民事诉讼法学理论仍采旧实体法说的诉讼标的理论，其他诉讼标的理论的合理性还未获得显著体现，不过所有的民事诉讼学者以及民事司法实务人员均一致认为，民事诉讼解决的对象是当事人之间的私权争议，即平等主体的公民之间、法人之间、其他组织之间以及他们相互之间因财产关系和人身关系而发生的纠纷。换句话说，一般民事诉讼理论认为民事诉讼不涉及民事私权争议以外的其他事项。

不过实践中的民事诉讼活动或者民事审判活动，可能不仅仅局限于当事人之间的私权争议，而具有更多的社会内容。相当数量的法院以及法官在理解法院的任务时更多地将其上升为法院的社会管理责任，而不是个案审理责任。“社会管理的核心内涵是‘维护和谐稳定的社会秩序’，人民法院作为矛盾纠纷的终结裁判者，通过审理各类案件，保障和引导社会各阶层的诉求在法治框架内得到理性的表达和解决，从而维护公民合法权益及良好的社会管理秩序，最终形成以法治为主导的新型社会管理模式，为和谐社会建设奠定坚实的法治基础。”[2]如果说法院以案件的审理作为实现其社会管理责任的杠杆或者依据的话，则可以说其仍然没有背离民事诉讼的规律，符合民事审判之对法院的工作定位。然而事实上，法院却承担了许多不属于法院审判工作范畴的任务或者

[1] 李龙著：《民事诉讼标的理论研究》，法律出版社2002年版。

[2] 周迅：《人民法院在社会管理中的责任担当与路径选择》，载http://www.njxwfy.gov.cn/www/xwfy/fydt8_mb_a3912111836215.htm，访问时间：2015年3月11日。

事项，如法制宣传、维护社会稳定等。为立法和实践认可的一种重要方式，即向有关单位、个人提出司法建议。许多法官认为司法建议是实现法院社会管理的职能，担当社会管理责任的重要途径或者方式。“司法建议是法院延伸裁判效果、提高社会管理水平的重要司法服务手段。人民法院通过提出司法建议，可以发挥对公共政策的补充作用，发挥对企事业单位、社会组织特别是对政府部门等社会管理主体管理活动的法律指导作用，最终有效避免矛盾纠纷的复制，并促进社会规则的形成。”[1]

具体到医患纠纷的解决中来，依照民事诉讼的规律，受民事诉讼解决对象的特定性制约，人民法院在患者对医疗机构提起的民事赔偿之诉中，应当重点审查医疗机构及其医护人员的诊疗行为有无过错，过错程度如何？该过错是否与患者的损害有直接因果关系等因素，而非考察有无医疗事故、医疗事故的等级等。即使医疗事故及其等级与医疗过失有一定关联，但医疗事故及其等级无法准确说明医疗机构及其医护人员的过错程度。能够正确反映和表征医疗过错程度的是恶意、故意、重大过失、一般过失等概念，同时追求民事赔偿民事诉讼，并不十分关心对医疗机构及其医护人员的制裁，相反，仅关心对患者及其亲属的赔偿问题。而与赔偿问题相关的事实是医疗机构及其医护人员是否存在过失，而非其过失程度，过失程度的事实仅仅与对医疗机构及其医护人员的制裁相关联。当然，这并非说法院没有制裁当事人以及其他诉讼参与人的权力，确实地，为使法院更好地完成民事审判任务，民事诉讼法赋予了法院相当大的制裁权，不过此种制裁权的目的是保障诉讼程序的顺利进行，该制裁权的源泉也是程序维护，并表现为法院诉讼指挥权的一部分。但在实践中往往与民事诉讼规律相背离，医患纠纷中出现的情况即一方面是以医疗事故为模式的医患纠纷解决，以及此种解决中的医疗事故技术鉴定；另一方面是法院在医患双方未提出医疗事故模式的情况下主动决定的医疗事故技术鉴定。这两个方面的内容均体现在《医疗纠纷通知》第二条的规定中。

[1] 周迅：《人民法院在社会管理中的责任担当与路径选择》，载http://www.njxwfy.gov.cn/www/xwfy/fydt8_mb_a3912111836215.htm，访问时间：2015年3月11日。

### （二）对法院职权与当事人诉权关系的定位缺乏科学认识

民事诉讼活动主要由两大主体构成：作为审判机关的法院和作为诉讼主体的当事人，前者属于审判主体，后者作为诉讼主体或者诉的主体，是诉不可缺少的构成要素。前者行使审判权，后者行使诉权。历史上各个时期的民事诉讼，各种类型的民事诉讼，都不可能缺少其中的任何一个组成因素。而且两种权利（权力）是一种此消彼长的对立统一关系，审判权的扩张即意味着当事人诉权退却，极端的类型即审判权是民事诉讼的主宰，当事人沦为诉讼客体的地位。例如，在中世纪的法定证据时代，以及我国的封建社会的审判中，法院与当事人的关系即是此种极端的关系；当事人诉权的扩张同样意味着法院审判权的消极，极端的情况下，法院的审判权可能处于极其消极的、仅主持审判仪式的境地，如早期的神示审判时代。

现代社会中，当事人在社会政治、经济、文化生活中的主体地位，及其在民事法律关系中的主体地位决定了当事人必须在民事诉讼中处于主体地位，决定了法院的审判权必须受当事人诉权约束的审判权与诉权关系模式和关系格局。这样传统的法院主导民事诉讼的纠问制诉讼模式或者超职权主义模式，即丧失其时代基础。以辩论主义和处分权主义为核心的当事人主义成为民事诉讼的基本原则，当事人主义的诉讼模式成为民事诉讼的基本模式。在这样的模式中，按照辩论主义，当事人没有提出的事实法院不能作为审理的对象，当事人没有争议的案件事实可以直接作为裁判的基础，作为裁判依据的证据必须在当事人的辩论中出现；而按照处分权主义，当事人有权确定诉讼的形式、限度和范围，当事人有权决定诉讼的开始、续行及终止。当然，这并非说辩论主义和处分权主义没有其适用的范围和限度，如果当事人对事实、证据、权利的处分侵害国家利益、社会公共利益以及第三人的合法权益时，处分权主义和辩论主义均将无发挥作用的可能，相反为国家干预主义、职权探知主义所取代。2015年《民诉司法解释》体现此种精神规定了在涉及国家利益、社会公共利益、第三人合法权益的案件中，法院可依职权启动证据调查程序。其第九十六条规定：民事诉讼法第六十四条第二款规定的人民法院认为审理案件需要的证据包括：（一）涉及可能损害国家利益、社会公共利益的；（二）涉及身份关系的；（三）涉及民事诉讼法第五十五条规定诉讼的；（四）当事人有恶意串通损害他人合法权益可能的；（五）涉及依职权追加当事人、中止诉讼、终结诉讼、回避等程序性事项的。

体现时代特点的当事人诉权与法院审判权关系模式，要求法院依据职权的证据调查、事实调查必须限定于关涉国家利益、社会公共利益、第三人合法权益的案件，以及普通案件中的属于法院审判权作用范畴的程序事项，超出此范围，即突破了法院审判权的合理界限，打破了诉权与审判权的现代平衡，并使其处于失衡状态。而根据《医疗纠纷通知》，法院于医患纠纷解决的过程中，可以不经当事人申请，在认为属于医疗事故的情况下，主动启动医疗事故处理模式及其此模式下的医疗事故技术鉴定，体现了对法院审判权与当事人诉权关系的误解或者错误认识。

## 第三节　医疗鉴定制度的改革与完善

### 一、确立单一制的医疗鉴定机制

由于医患纠纷中的医疗鉴定制度存在的主要问题是双轨制的鉴定体制，因此医疗鉴定制度改革的总体方向是取消双轨制，采用单一制的鉴定体制。当然，此种单一制不是以医疗事故技术鉴定代替医患纠纷中的司法鉴定，而是确立医患纠纷中司法鉴定一元化的鉴定机制。也就是说，只要医患双方围绕医疗赔偿发生争议，且对是否存在医疗过失以及医疗过失与患者损害之间的因果关系存在争议时，均应当依照民事诉讼法规定的司法鉴定机制予以办理。事实上，2005年全国人大常委会通过的《管理决定》已经体现了这样的努力方向，即建立统一的司法鉴定体制，克服司法鉴定中的条块分割、部门分割、层级分割的局面。《管理决定》“针对司法鉴定管理中长期存在的混乱现象，确立了侦查职能、起诉职能和审判职能与鉴定管理职能相分离的原则，确立了鉴定机构的中立地位和鉴定人的独立身份，加强了对司法鉴定执业活动的规范管理和监督，从而把司法鉴定纳入到规范化、法制化的健康发展轨道”。[1]

当然，单一制的医疗司法鉴定机制确立以后，并非彻底否定《处理条例》所规定的医疗事故技术鉴定委员会的设置，换句话说，设区的市级医学会仍然可以组织或者负责医疗鉴定，但如果拟使其鉴定意见能够产生在司法适用的效力，即使其鉴定意见具有证据资格，必须按照2005年全国人大常委会的《管理决定》的规定予以系统改造，并按照其要求予以登记。此种改造是医学会获得司法鉴定资格的必由之路，也是《管理决定》建立统一司法鉴定管理体制的必然要求。司法鉴定统一管理体制的基本内容主要包括以下几个方面：一是统一的适用范围和鉴定主管部门的规范要求。司法鉴定管理是一项保障和服务于司法活动的行政管理工作，是司法行政工作的重要组成部分。针对多头管理的弊端，《管理决定》明确规定“国务院司法行政部门负责全国鉴定人和鉴定机构的登记管理工作。省级人民政府司法行政部门依照本决定的规定，负责对鉴定人和鉴定机构的登记，名册编制和公告”。根据规定，司法行政机关对司法鉴定的管理，是代表国家履行法定职责。按照《行政许可法》的有关规定和“谁许可，谁监管，谁负责”和“谁登记，谁管理”的原则要求，司法鉴定管理又是一种全行业、全过程和动态化的管理。除法律规定的例外情况外，凡是从事《管理决定》第一条规定的司法鉴定活动的，均属于调整的范围。二是统一的准入管理方面的规范要求。即司法鉴定机构和司法鉴定人实行统一的准入标准、准入条件和准入程序。三是统一的名册管理方面的规范要求。主要包括审核登记、名册编制和统一公告制度，如编制和管理《国家司法鉴定人和司法鉴定机构名册》，供司法机关和公民、组织、法人选用。四是统一的执业活动监督管理方面的规范要求。主要包括：司法鉴定人负责制度、司法鉴定人出庭制度、司法鉴定人回避制度、司法鉴定的收费办法等内容。五是统一的技术管理方面的规范要求，如实施程序、技术标准和技术规范等方面的内容。六是统一

---

[1] 霍先丹：《论司法鉴定体制改革的实践与探索》，载《中国司法鉴定》2007年第1期，第3页。

的权利、义务方面的规范要求，如《管理决定》明确规定了鉴定人的权利、义务和法律责任，明确要求鉴定机构及鉴定人在执业活动中，应当遵守法律、法规，遵守职业道德和职业纪律，尊重科学，遵守技术操作规范四项法定义务。七是统一的违规处罚管理和统一的管理规范要求方面的规范要求。[1]

此种改造应包括以下几个方面：一是设区的市级医学会以及省、自治区、直辖市直接管辖的县级医学会，甚至一般的县级医学会、省级医学会、中华全国医学会均可以设置医疗鉴定中心，不过其设置必须满足《管理决定》第五条所规定的条件，这些条件包括：（一）有明确的业务范围；（二）有在业务范围内进行司法鉴定所必需的仪器、设备；（三）有在业务范围内进行司法鉴定所必需的依法通过计量认证或者实验室认可的检测实验室；（四）每项司法鉴定业务有三名以上鉴定人。二是必须根据《管理决定》的规定由省级司法行政部门登记并定期公告。《管理决定》第六条规定：申请从事司法鉴定业务的个人、法人或者其他组织，由省级人民政府司法行政部门审核，对符合条件的予以登记，编入鉴定人和鉴定机构名册并公告。省级人民政府司法行政部门应当根据鉴定人或者鉴定机构的增加和撤销登记情况，定期更新所编制的鉴定人和鉴定机构名册并公告。三是各级和各地医学会所设立的医疗鉴定中心不存在级别管辖和地域管辖的问题，换句话说，当医患双方当事人可以在全国范围内选择医疗鉴定机构及其鉴定人，彻底改变《处理条例》所规定的必须由医疗机构所在地的符合条件的医学会设置的鉴定机构鉴定的局面，从而体现司法鉴定的专业性、统一性和非地域性。而且各级医学会所设立的医疗鉴定中心之间是平等的关系，不因为设置医疗鉴定中心的医学会之间的级别差异而影响其作出的鉴定意见的证据能力和证明力。详言之，上级医学会设置的医疗鉴定中心所提供的鉴定意见的证明力并不必然高于下级医学会的医疗鉴定中心的鉴定意见的证明力，反之亦然。即使在重新鉴定的情况下，也并非必然由上级医学会设置的医疗鉴定中心负责重新鉴定。统一医疗鉴定机制以后的重新医疗鉴定，

[1] 霍先丹：《论司法鉴定体制改革的实践与探索》，载《中国司法鉴定》2007年第1期，第4页。

不仅应当满足《证据规定》所规定的重新鉴定的条件，同时，重新鉴定时鉴定机构以及鉴定人员的选择必须按照《证据规定》的规定鉴定人、鉴定机构的选择确定办法予以确定，而非绝对地由上级医学会设置的医疗鉴定中心负责。四是鉴定人员必须符合《管理决定》所规定的鉴定人条件。《管理决定》第四条规定：具备下列条件之一的人员，可以申请登记从事司法鉴定业务：（一）具有与所申请从事的司法鉴定业务相关的高级专业技术职称；（二）具有与所申请从事的司法鉴定业务相关的专业执业资格或者高等院校相关专业本科以上学历，从事相关工作五年以上；（三）具有与所申请从事的司法鉴定业务相关工作十年以上经历，具有较强的专业技能。因故意犯罪或者职务过失犯罪受过刑事处罚的，受过开除公职处分的，以及被撤销鉴定人登记的人员，不得从事司法鉴定业务。换句话说，在《管理决定》实施以后，即使符合《处理条例》所规定的可作为专家库中的专家或者医疗专业技术人员，也必须以《管理决定》第四条的规定重新予以审视，并须按照其规定的登记程序予以登记和公告，否则其不具有鉴定人资格，不能从事鉴定业务。

单一制医疗鉴定制度之下，尚须进一步解决医学会设置的医疗鉴定机构与其他鉴定机构之间的关系，并须回答以下两个方面的问题：其他鉴定机构可否从事医疗鉴定以及其与医学会的医疗鉴定之间的效力问题。对于前者，课题组研究的结论是其他鉴定机构只要符合《管理决定》所规定的条件即具有从事医疗鉴定的资格和条件。《管理决定》在努力实现鉴定机构和鉴定人员管理统一化的同时，旨在通过众多的鉴定机构之设置及其之间的竞争促进鉴定事业的发展，使之更好地达成鉴定制度所追求的目标。尽管众多鉴定机构的市场化，常导致鉴定机构较多地追求其经济利益，影响司法鉴定的质量，[1]但从长远来看，司法鉴定机构之间的竞争相对于司法鉴定的垄断而言，更能促进司法鉴定事业的发展，残酷的竞争从长远来看会促使鉴定机构改进其鉴定方法、提高其

[1] 当然，市场化背景下的现有鉴定机制也存在许多问题，其中司法鉴定的市场化及其司法鉴定的逐利性是所有司法鉴定弊端中的最重要的弊端。参见乔森旺、李金锁：《我国司法鉴定现状分析及完善管理机制的建议》，载《中国司法鉴定》2009年第2期，第68~71页。

鉴定质量。对于后者而言，依据《管理规定》两者之间是平等的关系，不因为鉴定机构之与医学会有无牵连而影响其鉴定意见的证据资格和证明力，即各鉴定机构提供的鉴定意见具有形式上的平等性，这也符合证据平等原则。当然，这并非意味着所有鉴定机构、所有鉴定人提供的鉴定意见均具有同等的证明力，事实上，有些鉴定机构和鉴定人采取的鉴定方法较为科学，采集的鉴定资料比较全面、鉴定程序比较公正，鉴定意见较为真实，在司法过程中被司法机关采信的可能性较高。鉴定机构及其鉴定人在竞争中的比较优势，仅对鉴定机构、鉴定人的选择上具有意义，对于鉴定资格和鉴定采信没有直接的、决定的影响。

## 二、统一赔偿机制

如果说双轨制的医疗纠纷鉴定制度为医疗纠纷诉讼的双重模式提供了技术上的支撑的话，则二元赔偿机制可谓是医疗纠纷民事诉讼二元模式的驱动器，实现医疗纠纷鉴定的单一制，必须同时建立医疗民事赔偿的统一赔偿机制。这种赔偿机制具体应包括以下两个方面的内容：

### （一）统一医疗事故与非医疗事故的民事赔偿标准

诚如课题前面的研究所揭示的一样，按照非医疗事故模式提起民事赔偿之诉，将获得超乎医疗事故模式赔偿之诉的赔偿金。受侵害的患者及其亲属从获得最大限度的经济补偿之角度，更容易选择非医疗事故模式处理纠纷。为彻底消灭双轨制的医疗鉴定制度，必须统一医疗纠纷的民事赔偿标准，不管医疗机构及其医护人员的医疗行为是否构成医疗事故均应当按照统一的赔偿标准予以赔偿。至于到底应以医疗事故模式，还是非医疗事故模式，则必须在考量法律适用原则的基础上考量两者的科学性、合理性，并在此种考量的基础上确定最终的选择。在课题组看来，尽管有特别法优于一般法的法律适用原则，但2003年颁布、2004年5月1日实施的《人身损害赔偿解释》相对于《处理条例》具有更大的科学性。例如，在致患者残疾的情况下，《处理条例》规定的赔偿是残疾人生活补助费，而不包括其可能创造的价值。而《人身损害赔偿解释》所规定的赔偿不仅包括生活补助，还包括被害人可能创造的价值，符合民事赔偿既包括现实损失，也包括可能的预期收益之减少的原则。

（二）统一城乡居民的医疗损害赔偿标准

《人身损害赔偿解释》所确立的医疗赔偿标准虽然在种类设定及其费用的具体计算方面具有对《处理条例》的相对优势，但其相对于《处理条例》的不足之处在于其设立了依据被害人身份的、内部的二元赔偿标准，即对城镇居民和农村居民采取不同的赔偿标准，即通常所说的同命不同价。《人身损害赔偿解释》第二十五条规定：残疾赔偿金根据受害人丧失劳动能力程度或者伤残等级，按照受诉法院所在地上一年度城镇居民人均可支配收入或者农村居民人均纯收入标准，自定残之日起按二十年计算。但六十周岁以上的，年龄每增加一岁减少一年；七十五周岁以上的，按五年计算。此种做法不仅违反法律面前人人平等的原则，也与正在进行的城乡一体化建设之策略相背离。为此，在建立统一赔偿标准时，应继承《处理条例》中的城乡居民平等赔偿的原则。

## 三、建立针对医疗事故的、独立的行政处理机制

必须注意，建立单一制的医疗鉴定制度并非否认卫生行政主管部门对医疗单位及其医护人员的行政管理职责，其仍然可以依据相关的行政法规对医疗单位以及医护人员进行行政管理，并且可依法对之作出行政处罚。只不过此种行政管理事务不是医疗民事赔偿诉讼解决的问题，也不会对医疗民事诉讼产生影响。需要考量的问题是人民法院在民事诉讼中作出的医疗单位及其医护人员存在医疗过失的裁判是否对卫生行政主管机关的行政处罚产生影响。按照判决效力影响的一般原则而言，确定判决的既判力一般仅仅及于原诉讼当事人或者当事人的继受人，这些人员之外的其他人员不受确定判决的既判力所覆盖。应当说明的是在既判力确定的一般原则之外，特定情况下，许可原诉当事人或者当事人以外的其他人员争执确定判决所确认的事实，违背法律赋予确定判决以既判力的目的，违背既判力制度的目的。法律赋予确定判决以既判力的目的一方面是防止出现矛盾的判决，促进确定裁判的权威性；另一方面是节约国家的司法资源，减少当事人及其相关人员在解决诉讼问题上的人、财、物的支出。于人民法院就医疗机构及其医护人员是否存在医疗过失的问题上作出确定裁判以

后，如果允许医疗机构及其医护人员再行争执，并要求行政机构再行审查，则使国家在解决同一问题上重复投入，浪费了国家的资源，在医疗机构及其医护人员就行政处罚提起行政诉讼之背景下，还会浪费国家的司法资源，严重背离既判力制度的制度目的。同时，也有可能出现行政机关的裁决与法院裁决不一致的情况，此种情况尽管不属于确立既判力制度所力求避免的法院之间的矛盾裁判之情形，但事实上也会影响法院裁判的权威性。

为此，应当承认人民法院在医疗赔偿民事诉讼中就医疗机构及其医护人员是否存在医疗过失作出的裁判对卫生行政部门之行政处罚程序的拘束力。具体而言，卫生行政部门可以根据人民法院的民事判决，结合医疗机构及其医护人员的医疗过失所造成的实际损害和社会影响，最终确定对医疗机构及其医护人员的行政处罚措施。为促进决定的客观性和程序公正性，卫生行政机关可以组织有关专家组成的组织对之进行审议，也可以就该医疗过失向有关专家咨询，并可以经过相应的听证程序。当然，卫生行政主管部门为促进决定的公正性、科学性，也可以委托有关鉴定中心提供鉴定意见。但此种鉴定意见不是用于司法的目的，不属于司法鉴定。

在被处罚的医疗机构及其医护人员不满卫生行政部门的行政处罚提起行政诉讼时，在诉讼过程中可以对医疗机构及其医护人员的医疗行为进行鉴定，不过此种鉴定必须以民事诉讼中的鉴定为基础，是其基础上的补充鉴定。行政处罚过程中，卫生主管部门委托的鉴定，也可以转化为司法鉴定，并表现为一方当事人自行委托的鉴定人出具的鉴定意见，并按照相应的规定予以办理。

# 第四章 医患纠纷中的举证责任分配制度及其改革

## 第一节 医患纠纷举证责任分配制度的沿革

举证责任包括主观意义上的举证责任或者行为责任与客观意义上的举证责任或者结果意义上的举证责任，英美法系国家的立法及理论称前者为提供证据的责任，后者为说服责任。自20世纪90年代中期以来，我国民事诉讼法学者对两种意义上的举证责任进行了详细、认真的研究，比较分析了两种不同的举证责任在民事诉讼中的地位和作用，并一般地认为客观意义上举证责任在民事诉讼中具有重要意义，[1]并称为证明责任。[2]应当说从裁判者对双方举证的指导以及对具体举证程度的释明之角度，研究提供证据的责任及其程度具有因应个案以及个案中不同发展阶段的实际意义，但从指导法院裁判以及当事人的民事法律交往之角度，作为客观意义上的举证责任的证明责任，具有更大的价值和意义。

证明责任不仅是解决裁判者认识能力有限性与其不能拒绝裁判之矛盾的解码器，更是促进民事实体当事人以及民事诉讼当事人之间公平、平等的道具或者杠杆。事实上，无论是民事诉讼中的证明责任还是刑事诉讼中的证明责任，法律都将此种证明责任加诸较容易提供证据的一方当事人或者具有证据收集和证据提供优势的一方当事人，或者处于相对强势的一方当事人，当事人的强势不是指当事人在经济、社会地位等方面的强势，而是其提供证据能力的强势。

[1] 近年来也有学者在研究中提出，客观意义上的举证责任更多地具有静态意义，在诉讼中的可变性不大，对之研究的必要性不是特别高。

[2] 陈刚著：《证明责任法研究》，中国人民大学出版社2002年版。

不过当事人经济、社会地位、技术条件等方面的优势在特定的情况下，可以转化为提供证据的优势，或者为提供证据的优势能力创造条件。刑事诉讼中采无罪推定，并将证明被告人有罪、应当处以刑事处罚的责任加诸控方，不仅是保障犯罪嫌疑人、被告人人权的需要，同时此种证明责任分配方法，在具体的刑事审判中，也是促进控辩双方诉讼平等的道具之一。民事诉讼的证明责任分配经过了明显的历史沿革，并体现为具有时代特征的举证责任分配理论，但各个时代的举证责任分配理论尽管存在认识和理解上的差异，但其努力的方向和目标均是努力实现当事人之间的公平与平等。[1]

我国医患纠纷民事诉讼中的举证责任分配制度的历史沿革自改革开放以来大体经过了三个历史阶段：

## 一、患者承担全部举证责任的阶段

此阶段大体是从改革开放到最高人民法院2002年的《证据规定》正式实施时，有学者将其概括为“谁主张，谁举证”的阶段，医疗侵权并未被作为一种特殊的侵权形式，而是和其他的民事侵权一样作为一般的侵权形式，在责任追究上采取一般过错原则。[2]此阶段医患纠纷侵权民事诉讼的处理大体上可以概括为以下几个特点：

---

[1] 即使最早的举证责任分配理论待证事实分类说其理论依据或者目的也是使当事人更容易举证，从而促进当事人之间的公平与公正。待证事实分类说中的肯定事实说，认为主张肯定事实的人承担举证责任，而主张否定事实的人不承担举证责任；待证事实分类说中的内在事实与外在事实说，认为主张内在事实的人不承担举证责任，而主张外在事实的人应对其主张的外在事实的存在承担举证责任。待证事实分类说尽管存在这样或者那样的缺陷，但其基本的出发点也是使容易举证的当事人承担举证责任，这样一方面能够促使当事人举证，促进案件的客观解决和公正解决；另一方面也能够在实质上促进当事人之间的平等。因为在两种学说都认为之所以让主张特定事实的人承担举证责任，就是因为其更方便举证，如果不使之承担举证责任，而使其对方当事人承担举证责任，则可能加剧当事人之间的不平衡。

[2] 徐正东：《我国医疗纠纷举证责任分配制度演变及其述评》，载《四川警察学院学报》2011年第3期。

其一，在民事实体法中采取一般过错原则，医疗侵权在构成上须以医疗机构及其医护人员存在过错为条件。换句话说，患者及其亲属的民事赔偿要求只有在医院及其医护人员存在过错的情况下，才可以得到支持，医疗机构及其医护人员只要履行了审慎义务、注意义务，即不存在其承担赔偿责任的可能性。同时，医疗机构及其医护人员处于改善医疗方法、诊治方法而给患者造成损害的，也不属于医疗侵权行为，无须承担民事赔偿责任。这种规定可以在较大程度上提高医疗机构及其医护人员进行医学技术探索和改革的积极性，并可以无后顾之忧地将新治疗方法、治疗器械、药品用于临床，从而有利于医疗事业之对人类总体福祉的追求与满足。民事实体法上的此种规定与其时团体本位意识或者集体本位文化有一脉相承的关系，具体来说，其实社会管理或者社会建构中追求的主要的或者基本的价值目标是集体利益、团体利益的实现，而不是个人利益的实现与个体价值的维护。

其二，在民事诉讼中采取“谁主张，谁举证”的原则。具体来说，作为患者或者其亲属的原告必须对所有的民事侵权要件事实，包括民事侵权中的过错事实的存在承担举证责任。按照民事实体法的规定，在医疗民事侵权案件中，原告必须举证证明医疗机构及其医护人员实施了医疗侵害行为、存在主观过错，同时还应当提供证据证明患者所遭受的损害以及该损害与被告之间的侵害行为之间存在直接的因果关系。

其三，作为原告的患者或者其亲属的举证能力较低。一方面，由于医患纠纷涉及的问题具有非常强的专业性，而医患双方在此专业知识的享有方面并不平衡，其中医疗机构及其医护人员具有相对于患者及其亲属的明显优势。加之，其患者及其亲属通过其他途径获取医学专业知识的可能性非常小，信息闭塞、交通不便的情况下，患者及其亲属很难如现时代一般可就此种专业问题向专业机构及其相关的专家咨询。另一方面，医患双方就整个诊疗过程的信息掌握不平衡，医疗机构及其医护人员直接实施诊疗行为，能够直接掌握诊疗的全面信息和具体信息，而患者及其亲属，特别是患者的亲属往往被隔离于诊疗过程之外，缺乏对诊疗过程的了解。即使于诊疗行为完毕以后，可以通过医护人员或者接受诊疗的患者得到一定的信息，但此种信息的获得是间接的，而不是直接的。此种信息的传递过程可能导致信息有意或无意的流失、篡改。而且《办法》仅仅规定了对医疗机构及其医护人员丢失、篡改病历等行为应当承担的责任，并未规定医疗机构及其医护人员对患者或者其亲属的信息获取协助义务。其第二十三条规定：发生医疗事故或者事件后，丢失、涂改、隐匿、伪造、销毁病案和有关资料，情节较重的，对直接责任人员追究其行政责任；情节严重构成犯罪的，由司法机关依法追究刑事责任。医疗机构及其医护人员对患者或者其亲属的风险告知书，也是晚近出现的现象或者制度，在当时的时代背景下，并没有所谓的风险告知书。

不过此阶段医患纠纷的发生率并非一直处于相对稳定的状态，而是呈现出较大的波动性。具体来说，前期即从改革开放到20世纪90年代中期，医患纠纷数量相对较少，医患纠纷在社会上引起的反响也较小，还没有成为一个备受关注的社会问题。对此，学者没有具体的、详细的研究数字，课题组对山东省某市5家大型医疗机构的访谈表明，这些医院在20世纪80年代几乎没有发生所谓的医患纠纷，更没有医患纠纷民事诉讼问题。这几家受访的医院所遭遇的医疗侵权民事诉讼多发生在20世纪90年代。学者对之的研究也表明了这样的不稳定的发生率情况。中国知网上显示的研究文献表明，1979年出现首篇涉及医疗纠纷的研究文献，其主要研究的问题也不是医疗纠纷，而是检察制度；1980年有2篇直接研究医患纠纷的文献，其中1篇是对日本医疗纠纷的介绍；1989年关于医疗纠纷的研究文献有8项；20世纪80年代所有涉及医疗纠纷的文献有43篇，其中直接以医疗纠纷为论题的仅有17篇；而到1995年，关于医疗纠纷的文献有54篇，比20世纪80年代全部的研究文献还多，而且多直接以医疗纠纷为论题。最高人民法院的司法解释中也开始涉及医疗纠纷诉讼，这明显地体现在最高人民法院1992年的《意见》中；到世纪之交，关于医患纠纷的研究文献数量呈井喷式增长，1999年为247篇，2000年为284篇，2001年为411篇，2002年为654篇。

其他的研究材料，也能够证明这样的于20世纪90年代中期开始急剧增长的情况。中华医院管理学会为进一步了解医院中医疗纠纷和侵权事件的发生状况，对全国326所医院进行了多项选择式的问卷调查。调查结果显示，医疗纠纷发生率高达98.4%。调查发现，医疗纠纷发生率与医院床位和住院病人数及手术人次数呈正相关的发展趋势，三级医院的医疗纠纷多于二级医院，二级医院多于一级医院。调查数据显示，一级、二级和专科医院的医疗纠纷大多数在每年10例以下，三级医院大多数在每年10例以上，24.5%的三级医院超过了每年30例。学者对湖北省1991年至2001年7月发生的医疗纠纷的调查也显示，此一期间湖北省发生围攻医院、殴打医务人员的事件为568起，其中398名医务人员被打，致残32人。[1]

此阶段前期之所以医患纠纷数量较少，重要的原因在于改革开放之初，公民的权利意识和法律意识还没有明显地增强，在政府与个人，国家与公民的关系模式中，对政府管理或者政府处罚有明显的依赖和信任。医疗事故经过卫生行政部门的处理和行政主持下的医疗事故赔偿之后，认可行政权威的患者及其亲属一般都自觉或者非自觉、自愿或者非自愿地接受行政机关的处理结构。而且公民的诉讼意识或者对民事诉讼的认识还不十分科学，更多地具有传统诉讼文化的特点，总体上认为诉讼是不光彩的、丢人的事情。在这样的背景下，医疗纠纷不可能成为显性的社会问题，其没有引起社会各界包括学者的重视，也在情理之中了。经过10年左右的改革开放以及思想解放，公民的权利意识、法律意识明显强化，有相当数量的公民开始积极地以法律武器维护其个人权利。中华医院管理学会对全国326家医院的多项选择式的问卷调查结果也表明权利意识的提升是导致医患纠纷增加的重要社会因素。在第一大类“社会因素”选项中，63.5%的人选择了“全民法律意识提高快，自我维权保护意识普遍上升”导致医疗纠纷多发；选择“由于新闻媒体炒作，制造轰动效应，误导病人和家属”的有88.6%；选择“由于医疗保障制度改革，使病人自付药费比例增加引发纠纷”的有34.77%。同时，权利意识的增强也伴随诉讼文化的演变与改革，传统厌讼文化的影响范围和空间开始逐渐缩小，一般公民对诉讼当事人和诉讼事件的绝对消极、负面评价也在悄然改变。国家与公民、政府与个人的和谐关系也出现了一定的紧张，行政诉讼案件也开始发生，国家也于1989年制定

---

[1] 姚澜：《刨根医患纠纷》，载《中国国情国力》2006年第12期。

了新中国的首部行政诉讼法。

## 二、医疗机构承担无过错和无因果性的证明责任的阶段

此阶段以最高人民法院2002年4月1日正式实施的《证据规定》为标志，截至《侵权责任法》的正式实施，学者也称此阶段为举证责任倒置阶段。此阶段医疗纠纷民事诉讼的特点主要有以下几个方面：

其一，民事实体法律规范仍采取过错责任原则，但最高人民法院通过司法解释，突破或者实质上修改了民事实体法上的过错责任原则，并事实上建立了医患侵权民事诉讼中的过错推定原则。《证据规定》第四条第一款第八项规定：因医疗行为引起的侵权诉讼，由医疗机构就医疗行为与损害结果之间不存在因果关系及不存在医疗过错承担举证责任。过错推定责任与过错责任的相似性或者共同之处在于，其没有采取严格的责任条件，均强调行为人的主观过错是追究行为人民事责任的必要条件，换句话说，由于其过错以外的原因导致对方当事人受到损害的，行为人并不承担民事责任。过错推定原则和过错原则一样都严格区别于严格责任原则，按照严格责任原则，行为人将被加诸更大、更多、更审慎的注意义务。《牛津法律大辞典》将严格责任解释为“一种比没有尽到合理的注意而应负责的一般责任标准更加严格的一种责任标准。但这种责任标准也不是绝对责任，它是一种由制定法规定的标准，如果应该避免的伤害事件发生，则当事人必须负责，而不论其尽到了怎样的注意义务和采取了怎样的预防措施。

不过，过错推定原则却实在地改变了过错责任原则所确立的举证负担规定，将证明过错存在与否的责任由原来的受害人转移至侵害行为的实施者。按之，如果医疗机构及其医护人员不能举证证明其采取的医疗行为没有过错，则推定其存在过错。这实际上即加诸了医疗机构及其医护人员以更多的、更审慎的注意义务。此种情况导致的具体后果一方面是在具体的诉讼中，患者及其亲属更容易取得满意的结果。过错推定原则背景下，患者及其家属对医疗机构的医疗行为有无过错以及该过错与患者损害之间是否有因果关系，不承担证明责任，其仅在反驳被告拒证的情况下，也有提出反证的必要。加之，医疗机

构及其医护人员证明自己没有过错和患者及其亲属证明对方有过错存在同样的困难，并应当采取相似的途径予以证明，即必须透过医疗鉴定才能对之予以证明。这种情况即将诉讼的天平向患者及其亲属倾斜，患者及其亲属取得胜诉的可能性也随之增加。事实上，医疗诉讼之所以举证责任倒置，最高人民法院认为近年来全国各地出现多起病员殴打医生或死者家属抬尸游行的社会不安定因素严重影响着社会稳定，是由于患方在诉讼中不能举证。为保护病员依法享有的合法权利，在医疗侵权诉讼中采取举证责任倒置，在较大程度上可以缓解医患之间的社会矛盾，为病员实现自己的权利提供切实可行的救济途径。另外是对医疗机构及其医护人员日常诊疗行为的影响，过错推定原则下，医疗机构及其医护人员更多地倾向于采取传统的、可为其他同行认可的诊疗方法、诊疗器械、诊疗药品治疗患者，只有这样在医疗鉴定的过程中，才有取得有利的鉴定意见的较大可能性。否则，如果医疗机构及其医护人员采取有较大争议的、具有创新性的诊疗方法，即有可能在医疗鉴定中处于不利地位，并可能被鉴定为有过错。事实上也有很多学者认为，《证据规定》提出的举证责任倒置，在价值取向上体现了由团体本位、集体本位向个体本位、个人本位的转变。传统中医疗机构及其医疗行为与其说关注个体的生命健康、体现对个体的救死扶伤，不如说更多地体现为促进医疗技术的提高和医疗事业的发展，并促进社会大众或者社会全体的福祉。

其二，一定程度上赋予了患者及其家属的知情权。国务院2002年9月1日正式实施的《处理条例》规定了患者及其亲属的知情权。《处理条例》第十条第一款规定：患者有权复印或者复制其门诊病历、住院志、体温单、医嘱单、化验单（检验报告）、医学影像检查资料、特殊检查同意书、手术同意书、手术及麻醉记录单、病理资料、护理记录以及国务院卫生行政部门规定的其他病历资料。第十一条规定：在医疗活动中，医疗机构及其医务人员应当将患者的病情、医疗措施、医疗风险等如实告知患者，及时解答其咨询；但是，应当避免对患者产生不利后果。

必须注意，虽然经过这样的举证责任分配制度改革，但是医患纠纷解决的暴力化倾向仍然非常明显，医患矛盾作为一种重要的社会问题，并未因举证责任分配制度的改革而得到解决。2006年中华医院管理学会对全国270家医院的调查也得出了大体相似的结论，调查显示被调查的三甲医院中，平均每年发生需要赔偿的医疗纠纷大体在100例，起诉到法院的有20~30例。[1]其中相当数量的案件既未经诉讼的方式解决，也未以其他的理性、文明的方式解决，而采用相对血腥、暴力的方式解决。据统计，2006年中国内地发生98310起严重扰乱医疗秩序的事件，打伤医务人员5519人，给医院造成的损失达2亿元人民币之多。[2]新世纪之初，医患纠纷事件继续成为重要的社会问题，并有进一步激化的趋势。这种发展趋势，引起了各部门、各阶层的高度重视，理论界也有越来越多的人对之给予关注和研究。到2006年中国知网上发布的涉及医患纠纷的研究文献为1172篇，到《侵权责任法》实施的2010年，此类研究文献已多达1377篇，为关于医患纠纷研究的最高峰。其后的2011年相关的研究文献为1377篇，2012年为1283篇，2013年为1187篇，2014年为1227篇。实践中的案例也可对之作出说明：2002年8月，患者家属徐某某因不服医学鉴定，纠集30余人闯入宁夏医学院附属医院行政楼，进行砸打；2003年8月，武汉市31岁的患者杨某某在汉口区同济来福康门诊持刀连杀6名医务人员后自杀；2004年2月，四川大学华西医院普外一科教授被患者砍成重伤；2006年12月，深圳山厦医院的医生、护士们戴着钢盔上班；2007年11月，河南省洛阳市中心医院护士被患者家属非法拘禁6小时，等等，医患之间的暴力冲突一时间屡见报端。

应当说在举证责任倒置阶段，患者及其亲属作为原告几乎不承担民事诉讼中的举证责任，加之，《处理条例》又规定了医疗机构及其医护人员在信息收集上的协助义务以及在治疗过程中的信息披露义务。此种情况下患者及其亲属通过民事诉讼的方式一般情况下可以获得或者实现其权利救济，肇因于其不能举证责任而承担败诉结果的可能性几乎不存在。不过，必须追问何以患者及其亲属仍然多选择非理性的方式解决其争端呢？课题组经过研究认为，影响患者及其亲属纠纷解决方式选择或者权利实现途径选择的因素，除包括举证责任的

[1] 宋雪等：《CT科医患纠纷的预防措施》，载《承德医学院学报》2010年第2期。

[2] 庞国明：《人民调解能否破解医患纠纷》，载《中国医药指南》2007年第6期。

分配因素之外，还包括其他多种因素，如诉讼周期、司法环境、鉴定制度等方面的内容，如果对涉及医患纠纷的民事诉讼机制不进行系统的改革，则仅仅依靠单一的举证责任分配制度改革，将难以实现医患关系的和谐。

### 三、以过错责任原则为主、过错推定原则为辅的阶段

此阶段以2010年7月1日《侵权责任法》的正式实施作为标志，一直延续至今。其主要特征概括为以下几个方面：

其一，一般的医疗纠纷侵权均采取过错责任原则。《侵权责任法》第54条规定：患者在诊疗活动中受到损害，医疗机构及其医务人员有过错的，由医疗机构承担赔偿责任。第五十四条作为《侵权责任法》第七章的第一条，具有医疗纠纷侵权之处理规定的总纲属性，占有重要的地位。此种过错责任原则在其他的规定中也有所体现。《侵权责任法》同时将医疗机构及其医护人员没有尽到与当时的医疗水平相应或者相当的诊疗义务的情形，作为医疗机构及其医护人员有过错的情形，要求医疗机构及其医护人员必须承担赔偿责任。其第五十七条规定：医务人员在诊疗活动中未尽到与当时的医疗水平相应的诊疗义务，造成患者损害的，医疗机构应当承担赔偿责任。

其二，只有在特殊的情况下医疗侵权民事诉讼方采取过错推定原则。《侵权责任法》第五十八条规定：患者有损害，因下列情形之一的，推定医疗机构有过错：（一）违反法律、行政法规、规章以及其他有关诊疗规范的规定；（二）隐匿或者拒绝提供与纠纷有关的病历资料；（三）伪造、篡改或者销毁病历资料。过错推定原则于特殊情况下的适用，说明仅仅于特定的情况下将是否存在过错的举证责任加诸医疗机构及其医护人员，不过不仅适用范围小，而且事实上适用条件非常严苛。对于适用过错推定原则的第一种情形而言，患者拟证明医疗机构及其医护人员的医疗行为违反法律的规定，必须知晓和熟悉相关的法律，同时还必须证明医疗机构及其医护人员的行为违反法律的规定，否则即不存在过错推定适用的条件。有学者因此认为，此种所谓的过错推定仍然是一种一般意义上的过错原则。“对于医方的第一种情形，患者要提出证据证明医方违反相关医疗法律法规等，这对患者来说是非常困难的。而且患者提出

证据证明医方的这种违规行为，属于患者完成证明医方存在过错的证明责任，此种情形不属于推定医方存在过错，它的实质是过错的认定标准，因为医疗机构违反法律、行政法规、规章的行为本身就是一种过错。”[1]而对于第二种和第三种情形，患者及其亲属想证明医疗机构及其医护人员有隐匿病历或者伪造、篡改病历等的行为也非常困难，而且学者认为隐匿病历、伪造、篡改病历本身也不属于证明责任分配的范畴，而属于证明妨碍的范畴。[2]

其三，特定情况下可以免除医疗机构及其医护人员的赔偿责任。作为对特定情况下的过错推定原则的对应，也体现医患双方法律上的平等，《侵权责任法》也规定在特定情况下，可以免除医疗机构的赔偿责任。其第六十条规定：患者有损害，因下列情形之一的，医疗机构不承担赔偿责任：（一）患者或者其近亲属不配合医疗机构进行符合诊疗规范的诊疗；（二）医务人员在抢救生命垂危的患者等紧急情况下已经尽到合理诊疗义务；（三）限于当时的医疗水平难以诊疗。

其四，《侵权责任法》未涉及因果关系的举证责任分配。《侵权责任法》虽然针对医疗侵权纠纷确立了以过错原则为主、以过错推定原则为辅的举证责任分配方法，但未涉及医疗侵权中的因果关系之要件事实的证明。“如果说过错要件是个复杂的问题，那么因果关系则有过之而无不及，但是《侵权责任法》却未作出相关规定，不能不说是很大的遗憾。”[3]关于医疗侵权诉讼中因果关系之要件的证明责任分配是否可以继续采用《证据规定》所确立的举证责任倒置的分配方法，理论上有两种观点。第一，认为可以继续采用举证责任倒置的分配方法，该方法也是实践中通常采用的方法。按之，患者及其亲属仅仅需要提供其损害与医疗行为之间存在因果关系的证据线索，并无须提供相应的民事证明标准，即可以向法院提起诉讼。诉讼开始后医疗机构及其医护人

[1] 洪冬英：《论医疗侵权诉讼证明责任》，载《政治与法律》2012年第11期，第99页。

[2] 王国征：《医疗侵权证明责任的价值取向—兼评我国〈侵权责任法（草案）〉（二次审议稿）第58条》，载《政法论丛》2009年第5期。

[3] 洪冬英：《论医疗侵权诉讼证明责任》，载《政治与法律》2012年第11期，第99页。

员应当举证证明医疗行为与患者的损失之间不存在因果关系，如果其不能完成此项证明任务，则应承担败诉的结果。其理由是《证据规定》并未直接与《侵权责任法》的规定冲突，因此有其适用的空间。正如《证据规定》颁布时可以其与《民法通则》没有直接冲突为由，而获得其合理性和正当性。第二，认为《侵权责任法》实施以后，关于因果关系的证明不能再采取举证责任倒置的方法，而须由患者及其亲属对之承担证明责任。其理由一是《证据规定》作为一种司法解释，较大程度上超越了民事实体法和民事诉讼法的规定，从立法权限上以及《立法法》的规定来看，最高人民法院的司法解释无从获得这样的效力。更有学者认为最高人民法院以改革为旗号或者借口，是最大的违法者。二是从《侵权责任法》的规定中可以间接推导出患者承担证明责任的法律精神。《侵权责任法》于第一章一般规定之第二条中明确规定侵害他人民事权益的应当承担民事赔偿责任，从而将因果关系作为侵权诉讼的必要要件事实，换句话说，患者及其亲属或者医疗机构及其医护人员必须对之予以证明，否则侵权赔偿的诉讼请求即无法得到人民法院的支持。而《侵权责任法》的其他各章规定的主要内容是对过错的证明，这种证明既包括一般情况下受害人对过错要件的证明，也包括过错推定情况下侵害人对自己没有过错的证明，还包括特定情况下，即使不存在过错也需承担责任的规定。总之，《侵权责任法》没有涉及因果关系要件，这样该要件即应当采取“谁主张，谁举证”的原则，由其存在可能使之获得利益的当事人承担。在医疗侵权民事诉讼中，即由患者或者其亲属承担证明责任。课题组同意后一种观点，认为其有较大的合理性。

尽管《侵权责任法》已经实施，但医患纠纷仍然是社会矛盾中需要突出解决、急迫解决的问题。[1]为解决医患之间的尖锐矛盾，实现医患关系的和谐，社会各界作出了多种努力，有些致力于纠纷解决途径的改革，有些致力于医患纠纷解决中的法治思维之树立，有些致力于建立多种多样的打击医闹的法律规范等。但这些似乎均与医疗侵权诉讼中的举证责任制度没有太大的关系，换句话说，医患纠纷之问题的解决，是在脱离举证责任制度改革的背景下进行的。质言之，现行的举证责任制度，在解决医患矛盾方面没有发挥应有的积极性，这与举证责任制度可以作为诉讼公正、公平的调节器，并可以引导社会行为的制度功能不相吻合。尽管《侵权责任法》所规定的“附条件的过错推定”较之前两者更为稳妥与中庸，其目的是改变《证据规定》无条件的证明责任倒置给予医方过重的证明负担，但诉讼实践中，对于过错要件及因果关系的认定依然是个难题。[2]

## 第二节　医患纠纷举证制度的域外考察

### 一、英美法系国家的事实自证原则

在英美法的一般侵权案件中经常使用的举证责任分配原则是事实自证原则。“事实自证原则”指的是出现严重的后果这样的事实本身就能够证明造成

[1] 必须注意，当前的医患纠纷已经有了一定的缓和，当然此种缓和并不一定与《侵权责任法》的颁布与实施有一定的牵连关系。国家卫生计生委宣传司司长毛群安说：“2014年，医患关系朝着好的方向转化。与2013年相比，不论是伤医事件发生率，还是医疗纠纷发生率，都有了明显的下降。”2014年，全国医疗卫生机构总诊疗量达78亿人次，比2013年增加5亿人次。同年，全国发生医疗纠纷11.5万起，较2013年下降8.7%。医疗服务量在增长，而医疗纠纷却在下降。白剑峰：《医患和谐是主流　用法治思维解决纠纷》，载《人民日报》2015年1月22日第9版。

[2] 洪冬英：《论医疗侵权诉讼证明责任》，载《政治与法律》2012年第11期，第98页。

该后果的行为具有过失，从而不再需要采取其他的相关证据进行证明。[1]《美国侵权法重述》规定，根据事实自证原则在侵权案件中，认定侵害人存在过错，并作出过错推论必须同时具备三个条件：其一，在通常情况下，如果不是由于某人的过失，事故就不会发生。判断一个事件在没有过失的情况下通常是否会发生，一般只需要根据人们对此类事件积累的相关经验和常识，这样的话作为非医学专家的患方即可予以说明，无须借助于具有专业知识的专家，减缓了医患双方专业知识上造成的不平等，减轻了原告的举证困难和成本。其二，引起事故的中介是由被告排他性控制，也就是说，不是因为被告之外的原因造成了事故，被告对事故的发生具有独家的控制权。其三，事故的发生不是原告的自愿行为或者原告的过失所引起的 。[2]该项原则在英美法系国家和地区的过失证明领域内发挥着极其重要的作用，到目前为止，美国已有37 个州在判决中引用了这一原则用来减轻原告方的举证负担，其中有34 个州已成功地将其运用到医疗侵权损害赔偿诉讼中。[3]

简单地说，在侵权案件中一般适用通常的客观举证责任，即受害人承担侵害行为存在过错以及因果关系的证明责任。但由于特定事实的发生，却要求侵害人必须提供一定的反证，[4]来说明其已经履行了相关的注意义务。在通常的诉讼中，被告的反证提出必须具有特定的条件，此种条件一般是裁判者形成了对原告或者主张者有利的心证，或者更精确地说主张者对案件事实的证明已达到法律规定的证明标准之程度，如果其不提出反证，裁判者即可能就争点事实

---

[1] 周翠：《〈侵权责任法〉体系下证明责任与减轻规范与德国法的比较》，载《中外法学》2010年第5期，第700页。

[2] 龚赛红：《医疗损害赔偿责任法研究》，法律出版社2001年版，第280 页。

[3] 转引自丁中原：《医疗过失诉讼之研究》，台湾大学法律研究所1991年硕士论文，第68～70 页。

[4] 反证与本证的区别与划分主要依据提供证据的当事人与举证责任负担之间的关系而定，如果负有举证责任的当事人提供的支持其主张事实的证据为本证，相反，如果当事人不负担举证责任，但其在特定的诉讼条件下，或者特定的诉讼程序，提出的反驳对方举证，并使裁判者的心证向有利于自己方向发展的证据为反证。

作出对其不利的判决。不过，此时反证的提出仍然是该当事人自主决定的事项，其有是否提出反证的决定权。在事实自证原则之下，该条件的适用则相对缓和，将前述条件概括起来即按照经验损害结果的出现肯定是由于过失造成，同时其他的导致损害的原因已经排除。

关于事实自证原则所致的诉讼法上的效果，理论上形成了三种学说：其一，过失推断说。其认为适用了该原则可以使原告避免直接败诉，但陪审团并不一定会认定被告具有过失责任，被告也不需要进行反证来动摇法官的心证。其二，作为通说的过失推定说。其认为该原则的适用除了使原告避免直接败诉，并且需要被告提出反证就其无过失也可能发生损害的事实加以合理说明来动摇法官心证，但证明责任不发生转换，被告不需要就无过失负担证明责任。其三，举证责任转化说。其认为在事实自证原则适用的情况下，关于过错与因果关系的举证责任将由主张者的对方承担。

### 二、德国的表见证明理论和重大医疗瑕疵原则

表见证明是德国民事诉讼制度所创立的，以法规出发的德国诉讼是通过判例逐步发展起这一制度的。在德国“表见证明”，是指法院依据一般生活经验法则对一再重复出现的典型情事，借助一定的客观存在的事实推断具体待证事实的证据制度。一般认为，在证据提出以及其评价过程中，表见证明是利用一般生活经验法则验证典型性事件并影响证据提出的制度。法院适用表见证明认定或者评价待证的案件事实时，遭受该认定不利的当事人有必要提出反证予以反驳该表见证明，并努力说明该表见证明在其案件中具有不适用性，或者其与对方当事人之间争议的事实经过超出一般经验法则所体现的事实联系。

根据德国的通说和判例，表见证明并不会改变举证责任的分配，只是减轻了原告的举证负担。所以表见证明的本质仍然只是法官自由心证的证据评价问题，属于主观证明责任。[1]在德国民事诉讼当中，一般适用表见证明原则对诉

[1] 郑雪倩：《论医疗侵权中的相关问题》，载《中国医院》2005年第4期，第11页。

讼双方的证明责任进行分配。在一般的诉讼程序中，当事人双方均需就支持其行为的法律构成要件承担证明责任，被告方当事人须承担证据提出责任，倘若不能提出反证，还须由法官依据自由心证的程度进行确定。在法官依据原告方提供的证据并且依据自由心证不能准确判断案件的客观情形下，将依据客观举证责任分配的原则，作出被告方败诉的判决。因此，在一般民事诉讼中，限制性的举证责任倒置在德国司法实务中普遍适用。在医疗纠纷案件中，患者对医疗过错及因果关系法律要件事实的证明只需达到让法官根据一般的医疗常识或经验法则即确信事实存在的心证程度即可。例如，患者已经证明医疗行为的违规性，依一般医疗常识，这种违规医疗行为足以导致损害产生，医方就必须提供证据，以证明存在特别事实或者提出相关反证，推定事实真伪不明，如此就不再适用经验法则，也由此可动摇法官自由心证；否则，即可认定医方存在过错及医疗行为与损害之间存在因果关系。

对医患纠纷的证明责任的相关规定，德国除采取表见证明的做法外，在特殊情况下还采取了证明责任转换的做法。但是并非所有医患纠纷案件都能进行证明责任转换，只有在符合一定条件的情况下才能采用，即采取证明责任转换须具备一定的条件：第一，必须要有重大诊疗过失存在；第二，医方的诊疗过失有引起患者损害结果的可能性。这两个条件必须同时具备才能适用证明责任转换。所谓“举证责任转换”，实质就是法官把举证责任从一方当事人转换给另一方当事人承担。当事人承担分配的举证责任后，一旦举证不能或不充分，则必定要在判决中承担败诉的后果。与表见证明的效力相比，适用举证责任转换不单单是举证责任发生转移，而且改变了举证责任分配的原则。这种有条件的推定一方面考虑到了患方在专业知识方面的弱势地位，即患方只要证明有重大过失存在；另一方面相比于无条件推定的举证责任倒置，也考虑到了医方的权利，不至于对医方过于苛刻。但是患方要证明存在重大医疗过失，即医方明显地违反医学界所公认的规范，仍然有较大的难度，这对患方的要求会比较高。

## 三、日本的大致推定原则

在德国表见证明理论和英美法系国家事实自证原则的影响下，日本民事诉讼法通过判例确立了大致推定原则。日本司法界主要将其运用于认定是否存在过失的证明中，所以也称其为过失大致推定原则。它是指在侵权损害纠纷中，如依据一般情况就可以判断“不是因为过失，损害就不会发生”，且原告能够证明损害事实的发生，就可大致地推定被告存在过失，这样被推定过失的被告必须就其无过失提出相应的反证，否则将可能承担败诉的结果。实行大致推定原则的主要目的是借助于间接事实的证明推定主要事实的存在，以实现曲线证明之诉讼目标。由于医疗侵权诉讼中作为主要事实的过失事实既作为主观要件而存在，又牵涉专业知识，证明难度较高。相比而言，对间接事实的证明就容易得多、方便得多。在采取大致推定原则的情况下，负担举证责任的当事人仅需证明简单的间接事实，而无须直接证明难度非常大的直接的要件事实或者主要事实。这样患者获得救济的可能性相对增大，证明案件事实的可能性也随之提高。

关于大致推定原则的性质，在日本学者之间存在事实推定说、证明度减轻说、举证责任倒置说三种见解或理论。其中事实推定说属于通说，为日本理论界广泛认可并通常在实践中采用。事实推定说认为大致推定是法官根据一般经验法则对待证事实作出的一种推测性认定，属于证据评价的范畴。此时如果被告不提出或不能足以动摇法官心证的反证，法官并非必须作出被告存在过失的认定，其也可依据自由心证作出不存在过失的判断和认定。该原则在运用范围上与美国的事实自证原则有一定的相似性，一般只适用于过失领域，在因果关系的认定领域适用的较少；从其效力上来看，比较接近于德国的表见证明，是法官作出的一种推定，并不转移结果意义上的证明责任，仅仅转移提出证据责任，推定过失后作为被告的医方一般会作出相关反证进行说明，这样可以使法官更好地认定事实。

## 第三节 医患纠纷民事诉讼举证制度的改革

考量到我国医疗侵权民事诉讼举证制度的历史沿革、现实状况，结合国外医疗侵权民事诉讼中对提供证据责任和裁判者证据评价活动的认识，目前，诉讼法学界主流的观点是搁置客观的证明责任理论，引入侧重提供证据责任的制度或者理论。[1]当然，诉讼学者普遍认为，客观证明责任的概念及制度作为一个诉讼道具，更多地具有指导当事人举证的意义，而不是作为案件的裁判规范而存在的。“证明责任其实不过是为诉讼证明提出的一个逻辑起点，证明责任制度并非为作出最终的证明责任裁判，相反，很大程度上是为了防止出现证明责任裁判。”[2]事实上，在采高度盖然性的英美法系国家和地区，以证明责任作为裁判规范的情况基本上不存在，裁判者要么直接认定当事人主张的事实存在，要么认定当事人主张的事实不存在，诉讼实践中没有事实真伪不明的余地和空间。同时，我国司法实践中对理论上提出的证明责任概念或者理论的淡然，也可以在一定程度上支持立足于主观举证责任之制度以及举证过程的观点或者主张。不过课题组认为医疗侵权民事诉讼中的举证责任的分配必须考量当事人双方的举证能力、当前我国司法队伍的现状以及我国司法公信力的现状。在此基础上课题组的结论是仍然应当以客观的举证责任作为改革医疗侵权民事诉讼举证责任的基本出发点，并建立加重医疗机构及其医护人员举证责任的举

[1] 赵蕾、严桂平：《国外医疗侵权诉讼举证责任分配原则研究》，载《医学与法学》2014年第3期。

[2] 胡学军：《解读无人领会的语言——医疗侵权诉讼举证责任分配规则评析》，载《法律科学》2011年第3期，第104页。

证制度，实现医疗侵权民事诉讼的公平与公正。[1]

## 一、当事人双方的举证能力

由于经济条件、社会地位，特别是专业知识以及接触医疗过程的机会不同，医疗侵权民事诉讼中双方当事人的举证能力存在非常大的差异，其中医疗机构及其医护人员由于其专业上的优势以及接触医疗过程、参与医疗过程的零距离、全方位，使之具有相对于患者及其亲属而言的绝对优势。其能够提供，也可以提供能够证明医疗侵权民事诉讼中必须查明的案件事实的举证能力。追求司法公正的司法制度在处理医疗侵权民事诉讼中的关键点或者着力点应当是设置一种制度杠杆，以调动医疗机构及其医护人员提供相关证据的积极性。当然，采取英美法系国家和地区的事实自证原则，或者德国的表见证明制度、日本的大致推定理论，也可以加诸医疗机构及其医护人员的反证提出义务。因为

[1] 当然，在考虑医患纠纷举证责任制度改革的同时，可否考量以医患纠纷中的证明标准的改革作为一个突破口，应当看到2015年最高人民法院《关于适用〈民事诉讼法〉的解释》已经采用了多元化的证明标准的思想，其第一百零八条第一款规定：对负有举证证明责任的当事人提供的证据，人民法院经审查并结合相关的事实，确信待证事实的存在具有高度可能性的，应当认定该事实存在。该条第三款规定：法律对于待证事实所应达到的证明标准另有规定的，从其规定。而且确有学者提出对医患纠纷中的要件事实的证明，特别是对因果关系的证明不应按照哲学上的要求予以理解，而应当从在当事人之间分配责任的角度予以理解。“法律上的因果关系在很大程度上是分配责任的一种工具，在认定上没有必要提升到科学上的因果关系所需要的那么精确和严格的高度。”赵西巨：《英联邦国家医疗侵权诉讼中因果关系之证明及评价》，载《证据科学》2009年第3期，第290页。在我们看来，证明标准确实能够和证明责任分配结合在一起调整当事人之间的关系，实现当事人之间的平衡，不过相对于证明责任分配而言，证明标准只是当事人之间关系调整的微调器，而不能在较大程度上调整当事人之间的关系。因此，以证明标准的变化调整当事人之间关系的情形，仅限于调整证明责任分配会在当事人之间导致另一种不平衡、不公平的情况。而从目前的医患纠纷的情况来看，举证责任分配的调整或者改革似乎还不会在医患双方之间产生新的不公平关系，所以，医患纠纷关系的调整更多地应依赖举证责任分配原则的改革，而不是证明标准的变化。

按照以上原则或者制度，如果医疗机构不提出其不存在过失以及不存在因果关系的相反证据，法院有可能根据患者提供的初步证据作出对医疗机构及其医护人员不利的事实认定。

必须注意的是，侧重加诸医疗机构及其医护人员的行为举证责任的表见证明、大致推定以及事实自证原则，加诸医疗机构及其医护人员的反证提出义务，并非绝对的义务、严苛的义务。其相对于作为客观举证责任的证明责任所加诸当事人的举证义务，要弱得多，这主要体现在两个方面：其一，在反证未提出之情况下，未提出反证的当事人并非必然承担不利的后果，裁判者完全可以依据自由裁量，认定负担举证责任的当事人主张的事实不存在；其二，反证提出义务必须具备相应的条件，或者说反证提出义务是一种附条件的义务。其条件是负担举证责任的当事人必须提出初步的证据，借助该初步的证据并依据一般的经验法则，裁判者可以作出对主张者有利的事实认定。通说均认为事实自证原则、表见证明、大致推定是一种事实推定，事实推定适用的基本前提是，追求推定事实之存在或者追求推定利益的当事人必须提供证据证明作为推定适用条件的基础事实，否则不存在事实推定适用的空间。事实上，遭受事实推定之不利的一方当事人，其反对推定的方法相应地也包括对基础事实的反驳和质疑。

问题在于，何以英美法系国家和地区以及德国、日本仍然采用或者置重于此种温和的、相对软化的措施，以促进医疗机构及其医护人员的证据提出呢？在课题组看来，医疗侵权诉讼中的证据偏在不因为中外而有差别，或者说英美以及德、日等国医疗侵权诉讼中的证据偏在与我国的情况并无二致，专业知识、接触机会都使医疗机构及其医护人员具有举证上的绝对优势。不过，英美法系国家和地区以及德、日等国家的当事人举证能力，却可以通过其他的制度获得补充，并在补充的情况下，结合反证提出义务，即可以使受害人获得权利救济，进而可以实现司法的公正与公平。客观举证责任之外的弥补当事人举证能力之缺陷的道具，在英美法系国家和地区是证据开示制度。通过证据开示，未掌握案件信息或者案件证据的一方当事人，可以从对方处获取证据信息，对方当事人也有义务开示自己掌握的各种证据信息，包括对自己不利的证据信息。如果说证据交换背景下，当事人的证据开示必须依据对方当事人的请求发生的话，则在证据开示之背景下，当事人的证据开示义务已经作为一种自动的义务，不受对方当事人是否提出请求的影响。大陆法系国家和地区的此种道具即是证据调查令，对于他方控制的证据，当事人可以向法院提出申请，要求法院发出证据调查令，对于第三方掌握的证据，当事人可以通过督促证据掌握之第三人履行证据提出义务的诉讼实现。

在我国缺乏这样的协助不掌握证据的一方当事人获得证据的制度或者道具，采用侧重主观举证责任的反证提出义务，可能无法在根本上实现促使医疗机构及其医护人员积极举证的诉讼目标。为此，考量到我国现阶段当事人的实际举证能力，在医疗侵权民事诉讼中，应当采用侧重客观举证责任的举证责任分配制度，加诸离证据较近的医疗机构及其医护人员以客观的举证责任之负担。事实上，在英美法系国家和地区，证据距离以及盖然性之高低是影响客观举证责任分配的重要因素，大陆法系国家和地区历史发展中的举证责任分配理论，尽管有多种表现形式，但在一定程度上均与举证之难易、证据之距离有一定的牵连。对之课题组已经在前面的研究中做过充分论述，此处不再赘述。有学者认为，以当事人对证据距离之远近分配客观的举证责任，实际上即混淆了主观的举证责任和客观的举证责任，而将客观的举证责任等同于主观的举证责任。“就医疗纠纷案件而言，过错与因果关系的举证在医方看来也并不那么简单。与证据距离近、举证能力强的一方当事人就应由负证明责任的这种观点其实已将证明责任分配的根据等同于提供证据的责任。”[1]对之课题组有不同的看法，课题组认为尽管客观的举证责任在诉讼终结时有可能作为裁判规范，并作为解决裁判者认识能力之不足与其不得拒绝裁判之矛盾的道具，但其在诉讼过程中的重要功能是指导当事人举证，并因此决定提供证据责任的分配。事实上，负担客观举证责任的当事人负有最先提出证据的任务。特别是当前案件审理负担比较重的情况下，法院在受理案件时往往要求当事人必须提供一定的证

---

[1] 胡学军：《解读无人领会的语言——医疗侵权诉讼举证责任分配规则评析》，载《法律科学》2011年第3期，第100页。

据，以使其案件有可能进入诉讼程序。将严格对立证明责任和提供证据的责任的做法与将两者混同的做法，同样失之偏颇和科学性，不能很好地实现当事人双方的公平与公正。

## 二、我国司法队伍的现状

相对于西方国家而言，我国司法队伍的职业化程序还有进一步提升的空间，司法还没有获得西方国家那样应有的权威性。在作为英美法系代表的美国，法官是从有丰富经验的执业律师中遴选的。其遴选方法主要有选举法和工作成绩选择法，选举法又可以分为党派选举法和非党派选举法。多数州采用工作成绩选择法，1913年美国司法委员倡导采用此工作成绩选择方法，据其建议，法官候选人须首先寻求经过候选委员会的最优候选人提名，其后任命机构，如选举产生的首席法官从较为简短的名单中挑选法官。1940年密西西比州采纳此方法，其后该方法被称为密西西比方案，目前，有34个州以及哥伦比亚特区全部或者部分采纳此种方法。[1]于司法运行的过程中，司法制度在设计时力求在保障司法自治和司法责任之间的协调与平衡，缺少司法自治，司法将有可能被其他的非法律的因素影响，以法裁决案件的法治理性不能实现；缺少司法责任的情况下，法官的任意性、个体性将主导整个司法程序，司法的统一性和准确适用性，将受到极大的影响，法治理想也将蒙上阴霾。司法独立也应当是协调此两种理念下的司法独立。“司法独立可被合适地理解为个体与制度维度上的自治与责任的理想平衡，在个体层面自治可以确保法官不受外界影响地决定案件，而责任确保其根据法律及其司法角色决定案件；在制度层面，自治将司法与来自政治权力的不当干预隔离，而责任确保其受政府机构和法律规则的约束。”[2]

---

[1] Jona Goldchmidat，David Olson & Margaret Ekman. The Relationship Between Method of Judicial Selection an d Judicial Misconduct. Winder Law Journal. Vol.18. 2009.P.460.

[2] Dana A.Remus. The Institutional Politics of Federal Judicial Conduct Regulation. Yale Law & Policy Review.Vol.31. 2012.P.37.

大陆法系国家的法官有不同于英美法系国家的遴选或者产生机制，其不是来自执业律师，而是来自法律院校以及这些学生的统一的司法资格考试，法律专业学习的严苛性以及取得统一司法资格证书的艰难使大陆法系国家的法官自其进入法官队伍时起即享有较高的声誉。尽管此种遴选方法相对于英美法系国家而言，其权威性和公信力稍弱，"在大陆法系多数法官均以某种公共考试的方式，从法律院系中直接招收，他们没有或者优先的既往执业经验。此模式强调司法职业序列中的社会化，并对法官审理案件带来一种制度上的压力——以一种与法官的良心及对法律的理解相冲突的方式裁决案件"。[1]但其遴选的法官相对于我们国家遴选的法官，仍然具有司法权威和司法公信力上的优势。在我国法官从事司法审判虽然仍要取得统一的司法资格考试证书，但取得司法资格考试证书并不是进入司法系统的首要条件。法律院校毕业的或者非法律院校毕业的学生，要想进入司法系统，并作为裁判者裁决案件，必须首先通过国家统一组织的公务员考试。司法遴选和公务员遴选并没有实质的差别，部分没有司法资格证书的人员，完全可以于进入司法系统之后，再考取司法资格证书。

而且大陆法系国家和地区在法官的遴选、晋升、解职等方面设有独立的机制，以排除司法体制之外的干预。大陆法系国家和地区的第一个司法高级委员会于1946年在法国建立，并为1958年的法国宪法第六十四条所支持，其主要负责司法人员的管理，不过仅有治安法官中的少数法官由司法选举产生，其他法官并不采取选举制的方式遴选。意大利1958年也创设了司法委员会，其设计的目标被明确为彻底排除行政对司法的控制，实现司法的独立。

尽管两大法系的法官在遴选、管理等方面存在一定的差异，但其均享有相对于我国法官而言较高的权威性和公信力，在制度设计和制度运行中可以赋予

[1] Nuno Garoupa & Tom Ginsburg. The Comparative Law and Economics of Judicial Councils. Berkeley Journal of International Law. 2009.Vol.27.No.1. P.59.

裁判者以较高的自由裁量权。[1]同样地，在医疗侵权民事诉讼中，可以采用以裁判者的自由裁量权为主要杠杆的、侧重主观举证责任的证据制度。无论是英美法系国家和地区的事实自证原则，还是德国的表见证明、日本的大致推定，都发生在裁判者的证据评价过程中，是一种证据评价制度。不仅如此，其结果也带有非常大的自由裁量的属性，据之，裁判者可以判定主张方当事人主张的事实存在，也可以作出对应提出反证的一方当事人有利的事实认定。如果说，在司法具有较大公信力和较高权威的英美法系国家以及德、日等国，可以依赖裁判者的自由裁量实现医疗侵权民事诉讼的公正与公平的话，但此种体制能否在中国产生理想的结果，颇成疑问。从这样的角度来看，学者提出的侧重主观上的举证责任，并加诸医疗机构以反证提出义务的观点虽然具有比较法上的合理性，并能够在诉讼法机理上获得其理性根据，但其在一定程度上具有脱离中国司法实际，在中国将会产生水土不服的司法后果。部分学者在这样的改革举措之外，提出的赋予裁判者以证明责任分配的自由裁量权的改革意见，尽管有《证据规定》的支持，但仍然具有较大的盲目性和冒险性。如果说《证据规定》规定的自由裁量是因应法律和司法解释确实具体规定，裁判者又不可拒绝裁判的情形，如果说《证据规定》的证明责任分配的自由裁量更多地立足于实践运行，而不是法律改革或者完善意见的话，则立足于法律制度改革的学者建议，再重谈这样的自由裁量的证明责任分配，应当说，其不是对实践和法律改革面临的不同任务的漠视，即是其对司法制度完善的一定程度上的不负责任。

必须注意，已经有学者在主张侧重行为意义上的举证制度的同时，认为立足于提供证据责任的制度改革与《证据规定》所确立的医患纠纷中的举证责任分配制度存在一定的协调之处。“虽然笔者认为其实提供证据责任的承担及转换是基于具体案件情境而不必由法律规范加以规定的，但在我国理论及制度上尚未明确提供证据责任及其转换的机制的情况下，这一规定仍具有积极意

[1] 即使这样，在两大法系仍然有许多限制裁判者自由裁量权行使的方法，如英美法系国家和地区法定证据制度、上诉制度、判决的公开制度等，以及大陆法系国家的上诉制度、判决理由的公开制度等。

义。”[1]尽管其仍然从行为意义上的举证责任理解《证据规定》中的关于医患纠纷的举证责任分担，并在根本上主张以提供证据的责任的分配与转换改革医疗侵权民事诉讼中的举证责任分配。但从证明责任与提供证据的责任之间的一致关系出发，从加诸医疗机构及其医护人员提供证据之强制义务的角度出发，从立足我国司法实际的角度出发，课题组仍然主张于我国现阶段应采取《证据规定》中医患纠纷举证责任的分配方法，而待我国的司法体制完善到一定程度：我国的司法已经有了相当的权威和公信力，可以赋予司法者以较大的司法裁量权时；即我国的民事司法制度已经赋予了当事人较为丰富的证据手段，并使其具有了相当的证据收集能力时，关于医疗侵权的民事诉讼才可以最终采取过错原则，并由患者及其亲属承担过失及因果关系之事实要件的证明责任。

[1] 胡学军：《解读无人领会的语言——医疗侵权诉讼举证责任分配规则评析》，载《法律科学》2011年第3期，第106页。

# 第五章　医患纠纷中的证明妨碍制度

## 第一节　我国医疗纠纷中证明妨碍之特殊性研究

探讨医疗纠纷诉讼中的理性、科学的证明妨碍制度的建构，保障其顺畅的运行及适用，必须注意医患纠纷中证据及举证责任分配问题的特殊性，必须注意医疗纠纷中证明妨碍问题的特殊性。医疗纠纷诉讼是一种特殊的民事诉讼案件，但不可否认的是，医疗纠纷的诉讼具有普通民事诉讼的特征，同时也具有一般民事诉讼中证明妨碍的一般特点。尽管如此，医患纠纷中关于证据、举证责任分配的特殊性以及证明妨碍的特殊性，决定了医疗纠纷中证明妨碍制度有其特殊的关注焦点，也应当对应地有其特殊的救济、预防和制裁措施。概言之，医患纠纷诉讼中的证据、举证责任分配以及证明妨碍的特殊性决定了医患纠纷诉讼中应当有特殊的或者独特的证明妨碍制度。

### 一、医疗纠纷诉讼证据及举证责任分配的特殊性

侵权责任法将以往医疗纠纷中医疗损害责任的归责原则由过错推定原则修订为过错责任原则。通过这样的修订，对于医疗机构一方的举证责任和相关医疗人员的举证压力带来的心理负担都有所减轻。但是医疗纠纷诉讼毕竟不同于一般的民事诉讼，由于医疗纠纷诉讼中涉及特定的纠纷解决对象，同时双方当事人的地位在经济上、专业知识上都具有明显的“不平等性”。另外，医疗纠纷诉讼中的证据分布也有自己的特点。这决定了医疗纠纷诉讼制度不能以减轻一方的举证负担为目的，必须以能够实现医疗纠纷诉讼的公正解决为目的。质言之，医疗纠纷诉讼中的举证责任分担原则的新定位，加之医疗纠纷诉讼的特殊性，决定了为实现医疗纠纷诉讼中的司法公正，必须建立相应的配套制度，证明妨碍制度即是其中的一项制度。不过该制度必须立足于医疗纠纷诉讼的特点，具有自身的特殊性。

第一，医疗纠纷涉及专业知识。医疗纠纷中证明妨碍的一个特点就是侵权人具有相当的专业知识。医务人员这一职业，与律师、会计师等职业都属于需要取得相关职业资质之后才能上岗的职业。同时，医生这一行业也被相关的专业性很强的法律法规所约束，如《职业医师法》《医疗机构管理条例》和《医疗事故管理条例》。所以民事诉讼中的医疗纠纷所涉及的责任的专业性很强，从而笔者认为，这一类型的医疗纠纷侵权责任可以划分为专家责任。

所谓“专家”，我国诉讼法学者对其的解释是：“具有专业知识或专门技能，依法取得国家认可的专业资格证书或执业证书，向公众提供专业服务的人”。而在英语里“专家”被称为“expert”，而日语中“专家”都是指具有一定专业知识或是专业技巧的人。而医务人员就属于专家定义范围内。在杰克逊和鲍威尔等人所著的《*Professional Negligence*》中，将专家的特点作了详细的总结：“其一，工作的性质具有高度的专门性（skill and specialized），其核心工作并非体力工作而是脑力的工作（mental rather than manual）；其二，高度重视职业道德和与顾客的依赖关系；其三，要求一定的资格并由专家集团维持一定的业务水平；其四，具有较高的社会地位。”而在医疗纠纷中的侵权方医务人员，主要是指医生，这里的医生是具有相关职业医生资格和医学知识与技能能够为患者提供医疗服务的人，而医生作为专家也具备了以上特点。首先，医生的工作环境决定了他们是通过专业知识也就是脑力劳动为患者服务的，具有高度的专门性；其次，医生这一职业高度重视职业道德并与患者具有极强的依赖关系；再次，医生的执业也必须取得职业医师资格；最后，医生也具有较高的社会地位。医生的这些特点都与《*Professional Negligence*》一书中涉及的专家的特点相吻合。所以医生在医疗纠纷中所负的责任，应当属于专家责任。由于专家责任的存在，医生在诊疗过程中履行其具有一定专门知识、专门技能的义务，包括：（1）高度注意义务。高度注意义务，是指专家（这里主要指医生）因具有高度的专业医学知识和专门技能所衍生的义务。通常情况下，高度注意义务一般是以相同专业领域的专家在相同行业中执业时所履行的注意义务为判断标准。（2）忠实义务。所谓的忠实义务，是指专家在作为被委托人时，应为委托人的最大利益所必须实施行为，其行为不得为追求第三人或自己的利益。（3）保密义务。所谓保密义务，是指专家应按照法律的规定和职业道德规范，在执业活动中应保守其所知悉的委托人的个人隐私资料。（4）除了上述的专家责任之外，医生由于其职业特性，还额外具有说明义务，这里的说明义务，是指医生对患者的患病状况、诊断情况、治疗方法以及因在治疗中所产生的不可避免的危险事项必须向患者加以说明。在病情诊断和治疗过程中，医生必须向患者就上述事项作充分的说明或解释，并得到患者或其家属的认可才能进行下一步的诊疗，如若未进行充分说明或未征得患者或家属的同意所造成的损害，应当由医生承担专家责任。

与其相对应的医疗纠纷诉讼中的患者却不具备这样的专业知识，加之实践中，患者接受医院或者医生的治疗的基本前提是患者对医院或者医生具有绝对的信任。患者对医院或者医生的信赖，也促使患者缺乏基本的证据收集意识和证据保存意识。同时，即使少数患者有较强的证据收集意识和证据保存意识，专业知识方面的不平等以及患者专业知识的匮乏也使医疗过程中一般的患者不可能充分认识对以后医患纠纷之解决具有决定意义的证据，因此也不能保存这样的证据。另外，即使少数患者意识到医疗过程中的某证据，在将来可能发生的医患纠纷诉讼中的作用，专业知识方面的欠缺可能导致的结果是其收集证据能力的不足。这种情况结合在一起决定了医患纠纷诉讼中，作为患者或者患者方的当事人在证据的收集、保存、提交等方面处于绝对弱势的地位。

第二，医疗纠纷诉讼中的举证责任分配。与其他国家的侵权责任制度一样，我国对一般民事侵权在归责上采过错原则，在医患纠纷中也是如此，这样医患纠纷中遭受侵害的患者必须同时对侵害行为、损害后果、主观过错、因果关系四项构成要件承担举证责任。医疗纠纷诉讼中医患双方专业知识的极端不平衡以及医疗操作过程中的患者一方的被动性或者弱参与性，决定了此种举证负担情况下遭受侵害的患者难以获得应有的正义。理论界以及实务部门对医患纠纷诉讼之解决的非正义性批判也多集中在此种举证责任分配规则方面，他们的改革建议也是改变在民事医疗纠纷诉讼中的举证责任分配原则，实施举证责任倒置原则，从而强化了医院一方的举证责任。最高人民法院《关于民事诉讼证据的若干规定》（以下简称《证据规定》）第三条明确改变了医院在民事医疗纠纷诉讼中的举证责任负担，并将是否存在医疗过错以及医疗过错与侵害后果是否存在因果关系的举证责任加诸医院一方。《证据规定》第三条第八项规定：因医疗行为引起的侵权诉讼，由医疗机构就医疗行为与损害结果之间不存在因果关系及不存在医疗过错承担举证责任。其在特别规定民事医患纠纷中的举证责任分配制度的同时，《证据规定》同时规定了一般民事诉讼中的证明妨碍制度。其第七十五条规定："有证据证明一方当事人持有证据无正当理由拒不提供，如果对方当事人主张该证据的内容不利于证据持有人，可以推定该主张成立。"必须注意的是，在《证据规定》设置举证责任加诸医院一方比较大的举证责任，医患纠纷发生时需要承担举证责任的医院同时也掌握相当的专业知识，以及较为丰富的有利于己的证据，此时，负担举证责任的医院一方不存在毁损或者隐匿证据的驱动力，因此，《证据规定》中的证明妨碍条款在医患纠纷诉讼中不具有太大的适用性。《中华人民共和国侵权责任法》（以下简称《侵权责任法》）实质地改变了《证据规定》确立的举证责任分配原则，采取了以过错原则为主、以过错推定原则为补充的归责原则。第五十八条规定："患者有损害，因下列情形之一的，推定医疗机构有过错：（一）违反法律、行政法规、规章以及其他有关诊疗规范的规定；（二）隐匿或者拒绝提供与纠纷有关的病历资料；（三）伪造、篡改或者销毁病历资料。"这一条款，尤其是第二项、第三项规定，不仅是医疗纠纷诉讼中的举证责任分配条款，也是医疗纠纷中证明妨碍制度的条款。必须注意的问题，一是即使在采过错推定原则的情况下，患者仍然必须对过错与侵害之间存在因果关系承担证明责任，这样患者仍然有较大的举证负担；二是在采用过错推定原则的情况下，由于医患纠纷诉讼的专业性以及双方当事人之间的极端不平衡性，患者证明适用过错推定原则的前提条件即比较困难，特别是对于《侵权责任法》第五十八条第一项及第三项情况的证明；三是除以上可以采取适用过错推定原则的情形外，还有其他的影响或者妨碍患者举证的情形，如医院没有很好地履行某些物证的保存义务，没有很好地、详细地记录或者书写病历等。

第三，纠纷中证据的特点以及证据偏在。另外还应当看到，与一般民事案件不同，民事医疗纠纷诉讼中的证据分布极端不平衡，我们把这种证据不平衡称为证据偏在。证据偏在在一定程度上影响了患者在医疗纠纷中诉讼的举证能力，影响了患者作为被侵权方时利益难以得到诉求，从而影响正义之实现。在医疗纠纷中，证据偏在存在于以下证据类型中：（1）书证：在民事诉讼医疗纠纷中，书证主要是病历或病案。病历是医生以及医务人员对患者就医的全过程进行诊断和治疗的专业性记录，其是医务工作人员通过问诊、查体、辅助检查、诊断、治疗和护理等医疗活动所取得的有关资料，并通过归纳分析，整理形成的医疗活动记录。因此，病历中所记载的患者医疗信息是医疗侵权诉讼中最为关键的证据之一。除病历外，书证还包括由医生或医疗工作者所出具医疗证明、检验报告、辅助检查报告、科室工作记录、处方及药房记录等 。实践中除了少量的书面证据，如检验报告、诊断报告、处方等为患者掌握外，其他的书证一般为医院掌握。一般来讲，作为医疗纠纷诉讼中最重要书证的病历，多为医院掌握，在当前广泛采用电子病历的情况下，就更是如此了。另外有一些书证，主要记录医生或者护士采取治疗措施或者食疗手段或者治疗过程，这些材料同样被医院所控制。（2）物证：在诊疗过程中有可能存在的物证包括药品以及其包装或容器，输液或者输血的残余液体，在诊疗过程中采样收集的生理组织等，虽然这些物证形式简单，取得也相对容易，但是患者在治疗期间一般无法意识到要留存这些物证，实践中大部分的物证在治疗过程中被销毁或者由于其自身的特点比较难以保存而被损毁。如果能够留存这些证据，会对整个医疗行为是否合法在民事医疗纠纷诉讼中起到巨大的辅助证明作用。因此在民事医疗纠纷诉讼中，物证是法官厘清事情真相的重要依据之一。但是这些物证，如输液的剩余液体或者在治疗中采集的病人的生理组织等都会被医院所处理，在常规的医疗纠纷中，患者一方很难收集到这些相关的证据。（3）视听资料：在医疗纠纷诉讼中，视听资料以两种形式最为常见，第一种是录音，由于通过录音来记录整个诊疗救治的过程对于患者来说最为容易和方便，所以录音这种形式的视听资料为患者所常用。但是对于录音来说，只能针对某一次或者几次治疗行为，而疾病的治疗是一个周期性、长期性的复杂过程，所以往往无法通过一次或者几次的录音来还原整个案件的真相，所以录音具有一定的局限性。监控录像则是另一种较为先进的视听资料证据，随着医院的发展，很多具有条件的医院都在诊室或者治疗室内安装了录像设备，通过录像来记录整个诊疗过程，这样的记录可以达到比较完整的证明效果。而这些视听资料的采集设备一般都是医院一方所安装，所以对于病人想要接触到这些资料，更是难上加难。（4）鉴定意见：具备鉴定资格的专家运用其专业知识和通过专门技术对案件的专门性问题进行分析、鉴别、判断后作出的具有法律效力的结论。民事医疗纠纷诉讼中鉴定意见主要有三种类型：尸检报告、司法鉴定意见和医疗事故鉴定意见。

可以得到这些证据与普通民事诉讼中的证据有所不同，概括来说，其具有以下几个特点：第一，医疗纠纷证据具有极强的医学专业性。医疗行为，是指那些具有医学专业知识，并取得医师执业资格的专业人士在获得政府许可的情况下通过运用专门的医学设备或者药物对患者所实施的各种诊疗行为。因此，不具有医学专门知识和未获得医疗执业资格证者不得从事任何医疗行为。在整个医疗过程中，医生和其他医务人员针对患者所采用的医疗器械和药品都显现出医学专业性极强的特点。第二，医疗纠纷证据具有易被篡改和灭失的特点。由于医疗纠纷证据在患者出院前都是由医方所掌握，书证、物证和视听资料都存在易被篡改和灭失的风险。例如，在书证中病历资料都是由医生所书写的，医生可从维护自身利益的角度来篡改病历。虽然我国的相关法律、法规对病历等医疗文书的形成及保管有着严格的规定，但由于医疗行为的持续性、长期性，医生可在较为充裕的时间内，随时按照自己的意愿来涂改病历。此外，病历一般归医院单方所持有，在空间上也无法避免医务人员对其进行添加、修改。此外，民事医疗纠纷中的物证在医疗机构随处可见而且还极易被污染，如血液、药品等，这些物品需要专门特殊的保存，否则很有可能会导致污染变质而失去证据法律效力。通常来说，视听资料一般是保存、固定证据的好办法，但由于医疗机构的监控录像由医院单方制作和保管，医方可能随时会根据自己的意愿对其进行删减和丢弃。至于尸检报告、鉴定结论，其一方面是以书证和物证为基础资料作出的，但如果基础资料存在某些缺陷时，就不能保证鉴定结果的真实性、客观性和权威性；从另一方面来看，尸检报告和鉴定资料很容易受到主观因素的影响而违背事情真相，从而得出不正确或不科学的鉴定结论。

在通常情况下，民事医疗纠纷中的大部分证据医方单独持有。大部分医疗纠纷证据是医方对患者进行诊疗过程中产生和形成的。医疗纠纷中的大部分证据由医方所单独保管，在少数情况下由患者保管。根据《医疗事故处理条例》和《病历书写基本规范（试行）》的相关规定，医方负有保管病历等相关证据的义务。如果医方保管不当，致使医疗病历丢失的，或者医疗机构故意篡改、销毁、涂改病历的，医方不仅要承担病历丢失的民事责任和行政责任，甚至还有可能承担刑事责任。当然在具体的医疗纠纷中，由于医疗证据具有不可替代性，在民事医疗诉讼中起着至关重要的作用。如果医方所保留的相关证据由于各种原因而致使其不复存在，这就会造成法官对整个医疗纠纷事情真相无法查清的后果，从而影响患方的利益。根据2009年所颁布的《侵权责任法》关于医疗证明责任分配规则，患方或者医方都有可能要承担相应的举证不能的责任。因此，正是因为在民事医疗纠纷中的证据具有以上三个特点，才导致了医方单独掌握着绝大多数证据，而这些证据又对民事医疗纠纷来说具有不可替代的关键性作用，从而使患者一方在主张权利时出现了举证上的困难，这也就体现了在民事医疗纠纷中突出的证据偏在问题。

## 二、医疗纠纷中证明妨碍的特点

### （一）证明妨碍主体的特殊性

行为人也就是医疗纠纷中证明妨碍的一方。在一般的医疗纠纷中，由于受损害一方是患者，所以举证责任在患者一方。妨碍举证的一方往往是医生或医疗机构。尽管法律对证明妨碍的主体未作具体规定，没有明确排除负举证责任的当事人作为证明妨碍主体的可能性，但理论上一般认为，证明妨碍的行为人通常不是负担举证责任的当事人。[1]我国台湾地区著名的民事诉讼法学者沈冠

[1] 例如，学者奚伟、余茂玉认为：证明妨碍者，系指不负证明责任之当事人，因故意或过失，以作为或不作为，使负有证明责任之当事人之证据提出，陷入不可能时，在事实认定上，就举证人之事实主张，作对该人有利之调整而言。参见奚伟、余茂玉：《论民事诉讼中的证明妨碍》，载《河北法学》2007年第3期，第153页。

伶认为，负担举证的当事人的举证尚未达到使法院形成对其有利的心证之情况下，不存在该当事人的证明妨碍问题。“负举证责任之当事人，必须先就应证事实之证明，使法院形成确信程度之暂时心证。如其因自己行为而使应提出之本证毁损、减失或碍难使用，致不能提出于法院，而使法院不能形成对其有利之心证时，他造并无提出反证之必要，法院即可对负举证责任之当事人，依举证责任之分配，对其为不利之判决，尚无适用证明妨碍之必要。”[1]相比其他证明妨碍案件，行为人一方相对确定。同时，在上文中提到，医生和医疗机构具有较强的专业知识，这样的专业知识使证明妨碍的行为人距离证据更近，也就更容易做出证明妨碍行为。

（二）证据保存义务的来源具有法定性

在普通证明妨碍案件中，除了特殊情况下法律单独规定当事人或者第三人的证据保存义务以外，一般情况下，法律欠缺对当事人需要保存证据的特殊规定，保存证据义务主要是基于诚实信用原则的产生。基于诚实信用原则，当事人的证据保存义务不仅可以及于诉讼进行过程中，也可以及于诉讼开始之前，只要持有证据的当事人或者第三人可以合理地预期到诉讼的发生，预期到该证据在诉讼中的适用性，则其即有证据保存义务。赋予当事人诉前证据保存义务是现代国家民事诉讼通行的做法。对于大陆法系国家和地区，我国台湾地区著名的民事诉讼法学者沈冠伶认为：“仅在已具体呈现有诉讼进行之可能性，而可期待当事人就此得为预见，且该证据方法具有重要性时，始要求改当事人负有保持证据之注意义务。”[2]在英美法系美国南纽约州联邦地区法院，1998年的Schroeder v.Com. Dept. of Transp案件中指出：在缺乏法院命令的情况下，为决定原告是否有保存证据的义务，法院应考量：第一，系争的或可能的诉讼是否涉及被告；第二，原告是否有是诉讼存在或将要发生的知识；第三，预测

[1] 沈冠伶：《证明妨碍法理在医疗民事诉讼之适用》，载《法学论丛》2009年第1期，第175页。

[2] 沈冠伶：《证明妨碍法理在医疗民事诉讼之适用》，载《法学论丛》2009年第1期，第170页。

到对被告的伤害，或者换句话说毁损证据对被告造成的不公；第四，证据与诉讼有关联。[1]必须说明的是，医疗纠纷中对于保存证据的义务，首先直接源于法律规定。《医疗事故处理条例》第八条第一款明确规定，医疗机构应当按照国务院卫生行政部门规定的要求，书写并妥善保管病历资料。而且其第二款进一步规定，特殊情况下，医护人员没有及时书写病历的应当适时补充，因抢救急危患者，未能及时书写病历的，有关医务人员应当在抢救结束后6小时内据实补记，并加以注明。当然，这并非说实体法的规定是证据持有人保存证据的唯一法定依据，或者说在实体法之外医患纠纷中的当事人，特别是医疗机构就没有证据保存义务。必须注意的是，《医疗事故处理条例》规定的证据保存义务，仅涉及病历，而没有涉及其他的可能与医患纠纷解决有关的物证、书证等证据；尽管其规定特定情况下，可于医患双方同时在场的情况下，对现场实物进行封存。[2]不过其没有规定封存的时间，同时，在其他纠纷中，这些物证也并非与案件没有任何关联。换句话说，诉讼开始前，医疗机构有比较广泛的证据处理的自由，特别是有处理病历以外的其他证据的自由。此时，如果不加诸其证据保存义务，法律设置证明妨碍制度所追求的目标即难以实现，事实上，也会认可违法行为人从其违法行为中获益，并因此鼓励或者放纵违法行为。

（三）证据的关联性

医疗纠纷中的证据是医生或医疗机构依据医疗职务行为形成的一种特殊证据，也是发生医患纠纷时打官司的重要凭证，所以这些证据不但对病人有着很大的作用，对医生和医疗机构也具有非常重要的意义。

这些证据反映就诊过程，是医生护士对病人治疗过程的记录，其中有病人病情的发展、医生护士用药情况和处理措施。医疗纠纷中的证据大多数属于书证，而在法律规定中，书证大于一切物证，同时医疗纠纷中最常见的证据就是病历，而病历又属于一种特殊书证，最高人民法院2001年《证据若干规定》第

---

[1] 转引自Jeffrey M. Pincus， Rebecca Devlin. Spoliation of Evidence: When in Doubt, Don’t Throw It Out. The Transportional Lawyer.2009.No.1. P.36.

[2] 参见《医疗事故处理条例》第十七条。

七十七条规定：①国家机关、社会团体依职权制作的公文书证的证明效力大于其他书证；②档案的证明力大于其他书证。所以病历的重要性不言而喻。执业医师法中规定：执业医师在其执业过程中应规范书写和保管好病历，这是医方的义务。因为病历不仅是病人的病情记录，同时也是发生医疗纠纷时重要的证据。所以说医疗纠纷中的证据不同于其他证明妨碍中的证据，医疗纠纷中的证据都属于对事实的认定具有关键性作用的重要证据。

不过，必须注意，这并非要求只有对关键证据的毁损、隐匿等行为才构成证明妨碍，确切地说，证明妨碍不以被毁损的证据为关键证据或构成条件。应当说，确实有学者坚持认为证明妨碍必须以被毁损的证据的关键性作为构成要件，其表现形式多样，有从结果的角度予以解释的，认为证据毁损导致不利的裁判结果或者使案件事实出于真伪不明的状态。前者认为构成证明妨碍的客观条件包括：①存在某种协力义务；②存在特定的证明妨碍行为；③受妨碍的证据或者证据方法具有不可替代性；④导致产生不利的裁判结果；⑤因果关系。[1]后者认为，“如果待证事实没有受到妨碍的影响，并未陷入真伪不明状态，也就没有适用证明妨碍规则的需要”。[2]事实上，主张证明妨碍以证据具备关键性为构成要件的学者，均是采证明妨碍救济措施一元论的学者。他们以大陆法系国家和地区的立法为基本参照，不承认多元的证明妨碍救济措施之存

[1] 毕玉谦：《关于创设民事诉讼证明妨碍制度的基本视野》，载《证据科学》2010年第5期，第589页。

[2] 奚伟、余茂玉：《论民事诉讼中的证明妨碍》，载《河北法学》2007年第3期，第152页。

在，因之不管其认可的单一救济措施是何种措施，[1]这些措施都倾向于以对关键证据的毁损作为基础。必须注意的是，单一的证明妨碍救济措施已经为理论和实践所抛弃，[2]特别是为英美法系国家的理论与实践所抛弃。此种情况下，再坚持以证据的关键性作为证明妨碍行为的构成要件，显然无法体现民事诉讼的实际，也不具有与时俱进的特征。当然，英美法系国家在适用证明妨碍时并非不考量证据的重要性，不过此种考量是在行为人的行为已经构成证明妨碍行为的情况下，法院为选择适当的证明妨碍救济措施或者制裁措施时考量的内容。换句话说，证据的重要性仅仅对证明妨碍救济措施的择定有意义，而对是否构成证明妨碍行为没有任何价值。

## 第二节 证明妨碍制度的一般理论

"Contra spoliatorem omnia praesumuntur"（所有的事情应被推定为不利于破坏者），早在18世纪英国著名的Armony V.Delamirie案中，英国通过判例的形式就树立了现在民事诉讼法领域内的"证明妨碍 "（spoliation of evidence）的概念，即因故意毁灭、隐匿证据以妨害证明活动从而导致不利于查明事情真相

[1] 尽管日本学者高桥宏志认为大陆法系国家和地区的证明妨碍制裁措施或者救济措施有多种形式，裁判者会采取其中的一种形式制裁之，这些可选择的形式有转移证明责任、交由裁判者自由心证、直接认定证明所能证明之事实。参见[日]高桥宏志著：《民事诉讼法——制度与理论的深层分析》，林剑锋译，法律出版社2003年版，第465页。不过在笔者看来，基本的救济措施仍然是证明妨碍推定，转移证明责任也可以说是一种推定的结果，而且是推定受害人主张的事实暂时以至证明的状态，证明妨碍行为人必须以证据或者反证证明相反的事实存在。而直接认定应证事实存在，更是一种直接的推定了。

[2] 在我国已经有相当多的学者开始主张证明妨碍救济措施的多元化。参见张友好：《论证明妨碍法律效果之择定—以文书提出妨碍为例》，载《法律科学》2010年第5期；包冰锋：《多元化适用：证明妨碍法律效果的选择路径》，载《现代法学》2011年第5期。

的当事人，推定其要承担法律上的不利后果。我国证明妨碍制度的规定亦体现了这一思路，2002年4月10日正式实施的《证据规定》第七十五条规定："有证据证明一方当事人持有证据无正当理由拒不提供，如果对方当事人主张该证据的内容不利于证据持有人，可以推定该主张成立。"

## 一、证明妨碍的产生机理

### （一）证据裁判主义

证明妨碍行为的产生是有其内在逻辑的，逻辑的起点就是国家禁止以私力救济作为纠纷解决的常态方式。由于私力救济过程的非程序性以及不可控性，私力救济的滥用被认为是对文明社会生存要件的巨大威胁，同时私力救济的结果大多也是非正义的。因此，国家通过发明了诉讼这一方式取代私力救济来实现法律以及和平，通过诉讼的方式，国家以中间第三人的姿态介入纠纷的解决程序，用公力救济取代私力救济，使公力救济成为纠纷解决的常态。而这样使私力救济变得边缘化的同时将公力救济变为常态化的过程，也是法律对于整个社会进行控制的必然要求。与公力救济的确立相伴而至的是私权主体享有司法裁判请求应受保护的权利和证据裁判主义的确立。国家将纠纷解决纳入诉讼，其根本目的不在于纠纷的解决，而在于对私权的保护，并将这种保护秩序化，可以说，司法裁判请求权和证据裁判主义都是这一目的下的制度创设。对私权最有力的保护就是发现真实，这也是司法保持其中立者姿态的必然要求，"自人类发明了诉讼制度以后，发现真实便是诉讼制度的恒久话题"。证据裁判是以发现真实为目的的制度设计，证据裁判所确立的规则是：权利的胜利在很大程度上依赖于其可证明性，而证据就是评价这种权利可证明性的手段。从某种意义上说，司法裁判就是对当事人之间所发生的争议事实进行司法重构的过程，而争议事实的重构以证据的判断为前提。在证据裁判主义主导证据规则之前，历史上曾出现过神示证据制度，神示证据制度以当事人履行既定形式或仪式的过程和结果作为判断案件是非曲直的依据。随着近代理性主义的兴起，神示证据制度的合理性和真实性越来越受到人们的质疑，被逐步认定为一种"不合理的决定过程"，并最终为证据裁判主义所取代。证据裁判主义的基本内涵是：对于案件事实的认定，应当依据达到一定要求的证据，即没有证据不得认定案件事实，而法官在证据裁判过程中享有适度的自由裁量权。所谓达到一定要求的证据，是指作为裁判依据的证据是经过法定的调查程序审查并具有证据能力的资料，本书对此不作详述。

（二）证据收集中的当事人主义

证据收集中的当事人主义的确立是证据裁判主义的当然要求。完整的诉讼活动由以当事人证据收集为中心的证明活动、法院事实确认和法律适用组成。其中，发现真实是发现法律的前提，发现法律是专属于法院的事务，其并不受当事人法律观点的约束；而发现真实则是属于法院和当事人共同的事务，当事人依靠各种证据手段为裁判创造事实基础，法院则根据法律规定的程序审查证据、判断证据，并依据当事人提供的证据决定当事人主张的事实是否存在。正如古老的法谚所讲，“吾给汝事实，汝赐吾法律”。由当事人承担收集和提出证据的义务是毋庸置疑的。经验告诉我们，作为第三人，法院即使在进入诉讼程序后也不可能清楚地了解当事人纠纷所依据的生活过程，而当事人作为纠纷的亲历者则更了解纠纷的来龙去脉、前因后果，因此由当事人收集证据无疑是最有效率的，且从诉讼经济的角度分析也是最符合以最小成本获取最大收益的理性经济人原理，这是其一；其二，当事人这种面向法院的释明义务是其证明权实现的保障，证明权是当事人司法裁判请求权的重要内容，当事人证明权的行使直接关系到诉讼的胜败，即与当事人自身利益息息相关，则与法院相比，为避免负担诉讼的不利后果，当事人有更强烈的动力去收集对他们有利的案件事实；其三，双方当事人的诉讼地位平等，若由法院负担收集证据就会在很大程度上打破这种平衡，虽然在诉讼实践中当事人收集证据的能力存在差别，存在当事人请求法院协助证据收集的情况，但法院这种对于证据收集活动的介入是有着严格的约束条件的，其目的就在于最大限度地保证法院保持不偏不倚的中立者地位；其四，与刑事诉讼中公安机关、检察机关介入案件证据收集不同，民事诉讼是私权纠纷解决的途径，因此，一般仅涉及双方当事人的个人利益，由当事人自行负责证据收集是对私权的一种保护，因为公权力介入私权纠纷解决本身就是对公民私领域的侵入，即使这种侵入是经过允诺的。由当事人负担收集和提出证据符合当事人自己负责的诉讼原理，凸显了当事人的程序主体地位，且是公正、合理及有效率的真实发现途径。

（三）证据偏在

需要明确的是，当事人向法院提起诉讼并围绕证据收集与提出展开证明活动，其最终目的不是协助法院发现真实，而是获得对自己有利的裁判。从辩论主义的角度出发，一般认为，当事人会为追求己方的利益而各凭本事收集证据，双方当事人之间没有相互协助的义务。证明责任分配原则的确立进一步明确了当事人的诉讼权利和义务，用一句话来概括，就是“每个当事人为对他有利的法律规范的事实要件承担证明责任”，并于证明失败时承担法律上的不利后果。民事诉讼是一种“对抗和判定”的诉讼结构。“对抗”是指诉讼当事人的双方被置于相互对立、相互抗争的地位上，在他们之间展开的攻击防御活动构成了诉讼程序的主体部分，而“判定”则意味着法官作为严守中立的第三者，对通过当事人双方的攻击防御而呈现出的案件争议事实作出最终裁断，且这个裁断具有一经确定即不许再轻易变动的强烈的终局性。对抗式的诉讼结构使诉讼活动没有“双赢”结果，为避免败诉风险，承担举证责任的一方当事人会积极提供证据来支持自己的主张，而不承担举证责任的另一方当事人为避免自己承担败诉风险，有动力破坏对方当事人的证明活动。

证据偏在使这种针对对方举证的妨碍活动愈演愈烈。所谓证据偏在，是指民事诉讼双方当事人与案件相关的证据距离不对等而产生的，使距离证据较近的一方当事人更容易控制与案件相关的证据，从而获得对自己更多有利的证据利益。证据偏在破坏了证据法上当事人武器对等的原则，使一方当事人处于证据法上的强势地位，对这种强势地位的滥用可以被认为是证明妨碍行为。证据偏在使当事人的举证能力出现了差别，从双方当事人诉讼地位平等、武器对等的诉讼原则出发，要求当事人负有证据作成、保存和提出的协力义务，这是对证据偏在所造成的当事人间对等地位失衡的一种修补，而对程序法上协力义务的违反也可以被认为是证明妨碍行为。对证明妨碍行为的规制遵循着“平衡—失衡—平衡”这样一种轨迹，证明妨碍行为是对既定且稳定秩序的一种破坏，对这一行为规制的原则简言之就是“所有的事情应被推定不利于破坏者”。现实问题是，如果当事人控制的某一证据方法一经提出，该当事人就遭遇诉讼失败的结果，则当事人即使知道此证据方法于裁判至关重要以及对其所为的破坏可能被评价为证明妨碍，他仍会将其毁灭或隐匿以避免这一证据方法被使用，这实际上是当事人普遍存在的侥幸心理，同时也可能是当事人在权衡承担证明妨碍法律效果与承担败诉后果二者之间利益得失的理性选择。由此可见，在设计证明妨碍行为的法律效果上，仍遵循着上述“平衡—失衡—平衡”的轨迹，过与不及都不能有效地纠正证明妨碍行为所造成的失衡状态。

如本书第一章所提到的在医疗活动中，医方始终是处于积极主动和支配的地位，尤其是用以评判医疗行为合法与否的病历由医生记载和生成，并由医疗机构保管；所有针对患者进行检查或者辅助检查、治疗单等医学诊疗书证资料均经医务人员填写并由医院保存；所有针对患者实施诊疗的医疗物品均为医疗机构的医务人员使用、支配和保管。从各个方面来看，在民事医疗纠纷诉讼中医疗机构是控制证据源并且距离证据最近的一方当事人。因此，医方为了实现自己的利益很有可能对不利于自己的证据会做出隐匿或灭失的行为。此外，由于医生和医务人员具有极强的专业医学能力，也具有十分便利的条件来实施证明妨碍。因此，在民事医疗纠纷诉讼中经常会发生对患方有利的证据，但是由于患者不具备或者患者无法及时向法院提供的情形。因此，为了扭转对患者在法庭上无法提供对其有利的证据的情形，所以法律在民事医疗纠纷诉讼中专门设立证据协助调查义务，即对民事纠纷诉讼中所产生的证据偏在现象进行矫正，从而促使诉讼当事人双方的举证能力得以平衡，这就充分体现了在证据面前人人平等的公正价值。而建立证明妨碍体系可以有效地对证据偏在的现象进行矫正。

## 二、民事诉讼证明妨碍及其法理基础

对于民事诉讼中的证明妨碍行为之定性，日本著名的民事诉讼法学者高桥宏志教授认为，证明妨碍行为是不负证明责任的当事人为实现妨碍对方诉讼之目的，故意或者过失地，即具有主观上的归责条件，将证据毁损、隐匿、转移等妨碍负担证明责任当事人之证明的不法行为。其同时认为证明妨碍制度就是对实施证明妨碍行为的人予以制裁，并祛除被妨碍方当事人，即负担证明责任之当事人遭受的不利益的制度，此种制度既包括对证明妨碍行为人的制裁，也包括当事人之间的正义之恢复、利益之调整。

讨论民事诉讼证明妨碍制度的法律基础的深层原因，是必须探讨与寻找对妨碍证明妨碍行为实施人予以制裁，并对遭受不利益方当事人予以救助的合理基础。具体来说，民事诉讼证明妨碍制度实际上是为持有证据的当事人或者第三人施加了一种配合对方当事人证据提供的义务，此种义务之违反是给予证明妨碍行为人制裁的基础，此种义务之强度以及义务违反之程度也是决定制裁或者救济措施之方式、程度的重要应诉。必须说明自由主义民事诉讼以强化辩论主义为基本主线，强化民事诉讼中的当事人自我责任。当事人的自我责任一方面强调诉讼中当事人的程序主体地位以及与此相关的法官消极。“当事人的自我责任涉及如何确定当事人与法官在诉讼中的职责，在一定意义上，这两个诉讼主体之间的职责存在着此消彼长的关系。” 另一方面强化当事人之间的协作与配合，民事诉讼中的诚实信用原则适用于当事人方面，就是当事人之间的合作与配合。

必须注意，在理解民事诉讼证明妨碍制度的法律基础方面存在着不同的观点，甚至尖锐对立的观点，有些观点甚至混淆了证明诉讼证明妨碍制度的总体上的法理基础与采用具体制裁或者具体制裁措施选择之法理的关系，并有将制裁措施选择的法理作为民事诉讼证明妨碍制度之法理的倾向。

在民事诉讼证明妨碍制度的法理基础方面，德国的判例和理论形成了多个学说，这些学说分别是经验法则说，即认为民事诉讼证明妨碍制度的法理基础在于事物之间的经验联系，事物之间的经验联系具有如此高的盖然性，因此必须使裁判者在民事诉讼证明妨碍行为与特定的案件情况或者案件事实联系起来；损害赔偿义务说，即认为事实民事诉讼证明妨碍的行为人，违反了其特定的义务，并给对方当事人造成了实质损害，民事诉讼证明妨碍措施之采取也是基于此种民事赔偿义务；诚实信用原则说，即认为持有证据的当事人或者案外人必须从诚实信用原则要求之角度履行证据的保存义务及提交义务。民事诉讼证明妨碍制度的协力义务说，实际上是诚实信用原则的发展，即比较强调诚实信用原则之中的当事人之间的协助义务。事实上，德国从19世纪末的德意志帝国法院判决到20世纪中叶的联邦德国最高法院的关于民事诉讼证明妨碍的判决大多以诚实信用原则为基础，即以实施民事诉讼证明妨碍的行为人违背诚实信用原则为依据的；危险领域说则认为持有证据的一方当事人或者第三人之所以负有证据的保存或者提出义务，关键在于多数证据为另一方当事人持有或者为第三人持有基于一种危险领域的存在，此种危险领域的存在使负有证明责任的当事人无法掌握或者持有该种关键证据，因此也不能提出该种证据。为此有必要加诸此种情况下的证据持有人以证据保存义务和证据提出义务。此种危险领域的存在也因此应当转移民事实体法于一般情况下配置的证明责任分配，并应当由持有证据的当事人承担证明责任；公平说则认为只有对实施民事诉讼证明妨碍的行为人予以制裁，对遭受妨碍的当事人予以救济才能恢复当事人之间被破坏了的平衡，实现当事人之间的公平，此种情况下，恢复当事人之间平衡的最好方法是使实施证明妨碍的行为人，特别是在当事人实施民事诉讼证明妨碍的情况下，由其承担证明责任。

德国是日本的母法国，日本民事诉讼制度以及民事诉讼理论多受德国影响，在民事诉讼证明妨碍制度的法理基础方面也是如此。这样在日本民事诉讼理论上存在与德国大体相似的民事诉讼证明妨碍法理的争论，并形成了与德国理论大体相似的理论观点。因此，总体上也可以将日本的民事诉讼证明妨碍法理上的观点概括为经验法则说、损害赔偿义务说、诚实信用说、协力义务说、危险领域说、公平说等。

我国台湾地区民事诉讼法学界关于民事诉讼证明妨碍理论亦有争论，其中沈冠伶教授较多地侧重诚实信用原则说和协力义务违背说，其在论证民事诉讼的证明妨碍亦应包括过失情况下的证明妨碍时附带论证了民事诉讼证明妨碍的法理基础。“当事人在诉讼上既然基于诚实信用原则及武器平等原则而负有协力解明事案义务，此亦应包括证据调查上之协力义务。”而黄国昌教授在论证民事诉讼的证明妨碍亦应包括负担证明责任之当事人时附带提及了民事诉讼证明妨碍的法理基础，并认为此种基础更多地来源于公平之考量。“由整个证明妨碍的法理奠基在当事人间公平这样的思想基础上面所为的目的解释，以及我国民事诉讼法第二百八十二条之一在条文上面并没有限制于未负举证责任当事人才有证明妨碍之文义解释。”当然，也有学者更多地侧重对德国学说的介绍，而没有提出自己对民事诉讼证明妨碍之法理基础的理解。

## 三、证明妨碍构成要件

证明妨碍应该具有以下三个要件：证明妨碍的行为、证明妨碍行为所违反的义务、证明妨碍违反义务行为与举证困难之间具有因果关系。妨碍行为在主观上具有双重可归责性，行为人是证明妨碍的当事人或特定第三人。

### （一）妨碍行为

使证据灭失、隐匿或使证据难以使用。证明妨碍的构成要件之一就是当事人一方针对证据实施了妨碍行为，也就是将证据灭失、隐匿或使证据难以使用。换言之，证明妨碍可以发生在各种证据方法上，不因证据形式、证据方法的不同而影响证明妨碍的普遍存在性。就证明人的证明妨碍而言，例如，对于已知悉的证人姓名拒绝向举证人提供，而使其难以查知该人姓名导致无法举证，或必须花费相当大的人力、时间、费用才能查知该证人姓名而获得程序上的不利益；在证人对当事人一方负有保密义务，如当事人不免除证人的保密义务而致使证人拒绝陈述时，也可以认为有证明妨碍行为的发生。就被勘验物品的证明妨碍而言，如将手术留置的纱布丢弃；就鉴定物品的证明妨碍而言，如拒绝将X光记录提供鉴定；在交易中使用各种不同的签名形式，以至于关于伪造签名的抗辩，从而经由鉴定人的鉴定也难以辨别真伪。

妨碍行为得以作为或不作为的形式出现，当事人一方如将证据毁弃使之不复存在、违背义务而不为应当作为的制作、保存的证据，或使举证人必须花费更多时间、人力、费用才能取得证据而证明事实，均当认为是不作为的证明妨碍的行为。作为方式进行证明妨碍，是指以积极的行为影响已经存在或者潜在的证据，致使该证据的提出受到妨碍。例如，将遗嘱销毁，而使遗嘱所记载关于继承或遗赠的事项难以证明；于发生意外后，不负举证责任当事人未经许可将车辆移动到其他场所，导致证据难以保全。在德国实务上，以不作为方式导致证明妨碍的案例相当多，如不提供证人的住址，或者对于动物尸体不解剖而导致无法确认死亡原因。在医疗诉讼上，医生如果未尽医疗记录做成及保存以为或违背其他职业上的义务，以至于证明人难以证明时，也多认为该当事人具有妨碍行为。

（二）证明妨碍行为须以违反证据保存义务为前提

当事人一方就已经制作形成的文书、物件而成为证据的，基于法院要求应当提供而不提供的，除了有正当理由之外，应当认定为证明妨碍的构成。但是，在诉讼开始之前，当事人就将来可以预见的诉讼中可能成为证据的文书、物件，不予制作或者保存时，是否属于违反协力义务，在学界存在争议。就此，可以分为一般的诉讼前证据保存义务以及特殊的诉讼前证据保存义务。一般的诉讼前证据保存义务，是指在纠纷没有发生之前，要求掌握有能够证明案件真实情况的当事人必须考虑到将来可能发生的诉讼，而对证据进行保存。这种对于证据的保存仅限于可以预见的与诉讼相关的证据。因此，仅在个案已经呈现出将会进行诉讼的可能性，而当事人又可以预见，同时该证据又对可以预见的诉讼有一定的重要性时，才能要求保有证据的当事人负有保存证据的义务。这种基于可以预见的诉讼关系而发生的义务，是建立在程序法之上的义务。当事人如违反此项义务，就可以构成证明妨碍。特殊的诉讼前证据保存义务，是指除上述的一般诉讼前证据保存义务之外，诉讼前的证据保存义务，也可能基于法律、法规的特殊规定而产生。普通的诉讼前证据保存义务是基于持有证据的当事人一方能预测到将会有诉讼出现时，对证据的保存义务。而法律中规定了不以能否预见诉讼发生为前提的一些情况，在这些情况发生时，不论当事人是否能够预测诉讼的发生，都需要对证据进行保存。

病历是医疗纠纷诉讼中的主要证据，不仅记录医生以及其他医务工作者的具体诊断过程，而且相当数量的病历还直接记载医生的基本处理意见以及此种处理意见的基本依据。必须注意医患纠纷或者医疗侵权纠纷中当事人争议的主要问题之一即医院是否存在医疗过错，或者说医院采取的医疗行为是否妥当，此时病历对于医疗侵权纠纷的解决，对于医院是否存在医疗过失是非常关键的证据。应当说明的问题是医疗侵权诉讼中的患者并不是全然不掌握任何病历，事实上，患者在治疗的过程中也掌握部分的病历资料，不过这些病历资料记载的内容相对比较客观，例如，其一般的内容包括患者的基本症状、治疗的基本结论、采取的具体治疗措施，包括医院的医务人员为患者开具的处方内容等。信息化背景下的医院医疗制度改革，比较多地或者较为倾向性地采用电子病历，此种电子病历比较多地应用于现代化程度比较高的医院。使用电子病历之背景下病历的基本内容并不为患者直接掌握，而是由医院掌握。医院的病历除包括此种客观性病历之外，还包括主观性病历。与客观性病历不同，主观性病历主要包括或者记载医院医务人员对患者疾病的诊断过程，包括分析过程、形成结论的依据、治疗的依据等。在由多名专家会诊的情况下，还应包括各位不同专家的不同意见、依据，各位不同专家之间的争论、分歧、最终采取的措施等内容。主观性病历一般为医院持有，医院一般不会将此种主观性病历交付患者掌握，《医疗事故处理条例》也没有规定患者的查阅权和复制权。

从诚实信用原则之角度，从当事人协力促进案件事实发现之角度，医患双方一旦发生医疗诉讼，或者在发生纠纷的情况下，医院即必须承担证据保存以及证据提出之义务，否则即构成了民事诉讼证明妨碍行为。必须进一步追问的问题是在医疗纠纷发生职权或者医疗侵权诉讼发生之前医院是否应承担病历的保存及提出义务。换句话说，如果诉讼过程中的证据保存义务可以从城市信用原则的角度予以解释的话，则诉前的证据保存义务或者纠纷发生前的证据保存义务如何找到其法律依据则成为问题。我国台湾地区的民事诉讼法学者许仕宦教授认为诉讼中的证据保存义务、证据提出义务与诉讼前的证据保存义务之间应当存在一定的区别。诉讼中的证据保存义务直接来自诚实信用原则，并且此种理解可以扩大至诉讼将近或者纷争已经发生的情况下，则在纷争还未发生时则不能以诚实信用原则解释当事人的证据保存义务，并认为必须从区别的角度，并在实体法上探求此种义务发生的根据。许仕宦教授同时还认为对于此三种情况下的证据保存义务必须作连续性之考量与掌握。“当事人所负诉讼法上之证据作成、保存义务，非仅限于诉讼开始时有，而系在诉讼将近或纷争已然发生即已产生，并以此时点为中心基准，将作为此时间点前义务之实体法上义务与作为此时点后义务基础之诉讼法上义务加以区别，并作连续之掌握。”

尽管民事诉讼法学者对医疗侵权诉讼中的证明妨碍还没有详细研究，但必须说明的问题是我国法律已经在一定程度上规定了医院之诉讼前的证据保存义务。此种义务之产生有些是直接基于实体法的规定，并表现为实体法上的医院之证据保存义务。例如，《医疗机构病历管理规定》要求医院应当尽可能地建有专门的档案组织或者机构负责医院门（急）诊病历的保管，在没有专门组织的情况下，则必须由患者亲自保管病历，换句话说，应当将病历交付患者本人。同时医疗机构必须负责住院病历的保管。《侵权责任法》与《医疗事故条例》虽然没有直接规定医院的病历保存义务，但在要求医院必须保障患者的病历查阅权、复制权的规定中，已经内在地包含了医院的普遍的病历保存义务。其规定，医院必须对患者查阅、复制病历之行为提供方便。值得注意的是，此种实体法的证据保存义务主要涉及的对象是客观性病历，而不包括主观性病历。

另外，法律还在一定程度上规定了基于诉讼法上的诚实信用原则的医院于诉讼前或者纷争发生后的证据保存义务，此种保存义务的规定虽然较为间接，或者说法律没有直接规定纷争发生后的证据保存义务，但法律的内容内在地包含医院在纷争发生后的病历保存义务。《医疗事故处理条例》规定，在双方就医疗事故发生争议的情况下，应与双方当事人同时在场封存医院的主观性病历，并由医院保存。这些主观病历包括死亡病例讨论记录、疑难病例讨论记录、上级医师查房记录、会诊意见、病程记录等内容。如果将双方当事人在场的病历封存理解为一种关于病历证据的证据保全的话，则不仅此种保全本身包含了对主观性病历的保存义务，而且此种封存的前提必须以医院在医疗事故纷争之前对主观病历的保存为前提。换句话说，《医疗事故处理条例》虽然没有直接规定医院于医疗事故纷争发生前的证据保存义务，但绝不意味着其支持或者放纵医院于医疗事故纷争发生前的证据毁损、隐匿等证明妨碍行为。

（三）因果关系

上述协力义务的违反与事实的无法得到印证，二者之间必须具有因果关系。如果它们之间不具备因果关系，纵然违反上面所说的协力义务，也不能成立证明之妨碍，更无法课以证明妨碍的制裁。例如，病历上应该记载的事项并非诉讼中涉及的争议，或者病例上应该记载的事项对于判决的结果不具有重要性时，则纵使疏忽没有予以记载，也不能对医生和医疗机构课以证明妨碍的制裁；X光片没有予以妥善保存而灭失，则仅有当X光片就原告的主张能够成为重要证据且有证明力时，方能课以医生或者医疗机构法律上的不利益。如果有其他证据，可以取代不完整或者有瑕疵的病例，可以对案件的事实进行证明时，则也没有适用证明妨碍的必要。德国联邦最高法院认为，当医疗记录有欠缺，且因此造成受损害的当事人一方就案件的事实认定存在困难的时候，固然应该减轻该当事人的举证责任，但是在案件中如果无须举证一方的行为妨碍到的证据与损害结果之间没有因果关系，则没有减轻受损害一方当事人举证责任的必要。

（四）民事诉讼证明妨碍中的可归责性

民事诉讼证明妨碍行为之构成必须具备一定的主观条件，此主观条件也是对民事诉讼证明妨碍行为予以制裁的必不可少的前提条件。无过错者不承担责任是所有法律责任承担的必要条件。大陆法系国家和地区的民事诉讼证明妨碍理论之研究在承认其主观要件方面并不存在争议，而且在对故意民事诉讼证明妨碍必须予以制裁方面形成了一致的观点。当然，学者对于故意的证明妨碍之主观要件之构成也达成了共识，一般认为，故意的证明妨碍之主观要件包括两个内容：其一，证明妨碍的行为人有毁损、隐匿证据的主观动机，即行为人其他借故证据毁损或者隐匿致令对方当事人不能利用证据；其二，证明妨碍行为人也必须知悉其证明妨碍行为可以造成相对人举证的困难，并因此可能遭受不利的诉讼后果。黄国昌教授甚至认为可以基于经验法则对故意的证明妨碍行为作出对其不利的推论，或者说，可以基于证明妨碍行为的故意证明妨碍行为作出、承认被毁损的证据不利于证明妨碍行为人。“在有关故意的证明妨碍的样态，仍然没有办法排除审判者利用这样的经验法则作一定的推论。”争议的论题或者理论的分歧表现在是否承认过失情况下的证明妨碍行为或者过失证明妨碍行为的制裁措施之选择方面。

必须说明的是，多数学者均承认过失情况下的民事诉讼证明妨碍之构成，黄国昌教授和沈冠伶教授以诚实信用原则也适用于过失之情况下，同时认为只有坚持将过失证明妨碍行为纳入证明妨碍制度中，才能彻底地促进诚实信用原则的全面贯彻，促使当事人双方善尽证据保存以及证据调查上的协助义务。另外，沈冠伶教授还以文义解释的方法论证过失证明妨碍之构成上的正当性，在她看来，《民事诉讼法》第二百八十二条之一虽然明确规定故意之证明妨碍行为，但是对于过失的民事诉讼证明妨碍可以类推适用第二百八十二条之一的规定。姜世明教授进一步论证了过失证明妨碍的形态，并将过失证明妨碍的形态划分为三种形式：其一，虽意图使证据方法不能被使用，但对该证据方法被除去之将来诉讼之意义却疏于认识；其二，虽明知该证据方法于将来诉讼之意义，却过失将其毁弃或者损坏；其三，过失毁弃损害某证据方法，且其对该证据方法于将来诉讼之意义亦疏于认识。

不过，在过失之主观要件是否能够影响以及如何影响证明妨碍制裁措施的选择方面，学者的理解有较大的差异，以许仕宦教授为代表的多数说认为必须以证明妨碍行为的主观可归责性之高低作为择定证明妨碍制裁措施的判断基准："在故意之情形，得直接推认被妨碍者主张为真实；在因重大过失之证明妨碍得降低被妨碍人之举证责任至低度盖然性；在因轻过失之证明妨碍，则降低至优越的盖然性。"沈冠伶教授则在承认过失证明妨碍行为的基础上，认为行为人的主观过错程度包括被妨碍的证据在诉讼中的地位或者重要性等，交由裁判者自由心证。裁判者可以依据自由心证认定他造当事人关于该证据之主张或者认定依据该证据应予证明的事实为真实的。至于过失情况下主观要件如何影响证明妨碍制裁措施，或者说如何选择与过失相对应的证明妨碍制裁措施，缺乏论述。以黄国昌教授为代表的少数派则认为不应当以证明妨碍行为人的主观可归责性之高低作为择定证明妨碍制裁措施的标准，其理由是证明妨碍制度的重要目标不是对证明妨碍行为的行为人予以制裁，而是恢复被证明妨碍行为破坏了的当事人之间的公平或者平衡，采取何种制裁措施不是依赖证明妨碍行为人的主观过错程度，或者主观可归责性之高低，而是依赖于证明妨碍行为对被妨碍者造成的不公平之程度。不过其又认为主观可归责性之高低对证明妨碍制裁措施之择定的影响，认为其对择定证明妨碍措施并非全无影响。其一，主观可归责性之高低，可以作为被妨碍者造成不公平程度的表征；其二，如果不是立足于恢复当事人之间的被证明妨碍行为破坏了的公平或者平衡之恢复角度的话，则证明妨碍行为的主观可归责性之高低，对于以制裁该行为为目标的民事诉讼证明妨碍制度具有重要意义。

我们同意多数的观点，应当以证明妨碍行为人的主观可归责性作为择定证明妨碍制裁措施的考量因素，必须说明的是证明妨碍制裁措施的择定绝非仅考量证明妨碍行为人的主观可归责性，还应考量其他的因素，如证据的重要性、证据的内容、证据是否可以被其他证据替代等因素。同时，民事诉讼证明妨碍制度之构建不仅关注民事诉讼证明妨碍行为之对被妨碍人的影响，以及此种消极影响的祛除，也应关注民事诉讼证明妨碍行为之对司法制度本身产生的损害，以及对于此种损害而产生的对于证明妨碍行为的、具有公法意义上的制裁措施。由此可以说，黄国昌教授不考虑证明妨碍行为主观可归责性之高低的观点是无法让人赞同的，其提出的于实现或者追求制裁之政策目标时必须考量行为人的主观可归责性的观点又是值得称道的。

（五）民事诉讼证明妨碍的行为人

民事诉讼证明妨碍的行为人，是指为妨碍当事人的诉讼证明活动或者反证活动毁损、隐匿、转移证据的人。民事诉讼证明妨碍制度中的行为人不仅关注实施证据毁损、隐匿行为的人，更为重要的是，何种情况下应当对于实施民事诉讼证明妨碍的行为人予以制裁，应当采取何种制裁方式。在大陆法系国家和地区的民事诉讼证明妨碍理论中一般均承认不负证明责任的当事人可以作为民事诉讼证明妨碍制度中的行为人，即认可对于不负证明责任当事人的证明妨碍行为的制裁或者予他造以救济。争议的问题首先是可否对负担证明责任的当事人予以证明妨碍制裁，即可否以之作为证明妨碍制度中的行为人。对之基本上有两种对立的观点，否定说认为不应当认可对负担证明责任之当事人的证明妨碍制度之适用。基本的理由不是在于负担证明责任的当事人不可能实施证明妨碍行为，而在于可以适用其他的制裁措施规范之。“负举证责任一造当事人对于他造反证之妨碍行为，并无适用证明妨碍之必要，而应以真实义务违背予以规范。” 更多的学者则认为民事诉讼证明妨碍制度可以适用于负担证明责任的当事人，黄国昌教授以法律未将证明妨碍的当事人限定于未负举证责任之当事人为由，主张负担证明责任之当事人的证明妨碍行为，可以构成证明妨碍，并应当对之进行制裁。“我国民事诉讼法第二百八十二条之一在条文上面并没有限制于未负举证责任当事人才有证明妨碍的文义解释，还有观察我国目前实务上的见解，……发现负举证责任当事人似乎也有成立证明妨碍的可能。”沈冠伶教授也持与黄国昌教授一样的观点，只是其论证上更多侧重于负担证明责任的当事人之证明妨碍行为的制裁措施之确立上，并认为应当适当地采取动摇法院就负担证明责任当事人之证明对象形成的暂时心证，或者认为受到证明妨碍的不负举证责任的当事人反证之事实为真实，在负举证责任的当事人可以援用表见证明的规则时，如果其有证明妨碍行为，则可以直接排除表见证明对于该当事人的适用。

我们总体上比较赞同肯定说的观点，其基本的理由不仅在于诉讼上的诚实信用原则或者证据调查上的协助义务，同时适用于双方当事人，而不因为当事人双方的诉讼地位之不同而有不同的要求。事实上，因为当事人地位之不同加诸一方更多的义务，或者给予一方更多的政策上、制度上的优惠，本身即违反诚实信用原则以及我国台湾地区学者沈冠伶教授主张的武器平等原则。同时，应当看到负担证明责任的当事人通过实施证明妨碍行为，也能获得相对于未发生此种证明妨碍的有利的诉讼结果，即使对方的反证无法成功或者难以成功，从而间接地实现自己证明任务的完成。将负担证明责任的当事人排除于民事诉讼证明妨碍制度之外，无疑承认诉讼制度将无视肇因于负担证明责任之人的证明妨碍而导致的诉讼双方之间的不平衡、不公正。姜世明教授提出的以违反真实义务之方法予以制裁的观点，虽然具有理论上的圆满性或者吸引力，但在具体执行上存在困难。尽管有学者积极呼吁确立当事人的真实陈述义务，并将之作为诚实信用原则的重要内容，不过真实义务的施行却有较大的困难，更精确地说，只有在诉讼结束以后，才能最终确定当事人是否违反真实义务。而且真实义务之制裁是否适用于当事人的过失之情况，也颇令人怀疑。为此，我国台湾地区以及日本民事诉讼法学界有相当数量的学者对当事人真实陈述义务之合理性或者正当性提出了诸多质疑。沈冠伶教授以医疗侵权诉讼为蓝本对负担证明责任之当事人的证明妨碍制裁措施的探索也有积极的效果，体现了民事诉讼证明妨碍制裁措施与民事诉讼证明妨碍行为、主体之间实现勾连的努力。

遗憾的是，大陆国家和地区的民事诉讼法学者未对第三人实施证明妨碍时的处理予以认真探索，换句话说，其回避了案外人实施证明妨碍行为的情况，因此证明妨碍理论之关于行为人的研究或者关于行为人的立法是不周延的、不全面的。

## 第三节 我国医疗证明妨碍制度的完善

医疗诉讼为民事诉讼的一种，因此，我国立法中有关民事诉讼的证明妨碍的规定当然也能适用于医疗诉讼中的证明妨碍，但同时，医疗法律关系、医疗活动以及医疗诉讼又有其自身的特点，因此在立法上，也有必要特别对医疗诉讼中的证明妨碍作出规定。要考究我国立法确定的医疗诉讼证明妨碍，就必须将以上的规定予以综合考察。

### 一、我国医疗纠纷中证明妨碍的相关立法

根据《民事诉讼法》第一百一十一条规定，诉讼参与人或者其他人有下列行为之一的，人民法院可以根据情节轻重予以罚款、拘留；构成犯罪的，依法追究刑事责任：（1）伪造、毁灭重要证据，妨碍人民法院审理案件的；（2）以暴力、威胁、贿买方法阻止证人作证或者指使、贿买、胁迫他人作伪证的。

我国在司法上首次对证明妨碍进行司法制裁是在1998 年最高人民法院公布的《关于民事经济审判方式改革问题的若干规定》（以下简称《审改规定》）中才得以确立的。《审改规定》第三十条规定“有证据证明持有证据的一方当事人无正当理由拒不提供， 如果对方当事人主张该证据的内容不利于证据持有人，可以推定该主张成立”。

最高人民法院在2001 年出台的《关于民事诉讼证据的若干规定》（以下简称《证据规定》）第七十五条再一次对证明妨碍作出了规定。但这种规定完全沿袭了《审改规定》第三十条的内容，就连措辞也完全一样：“有证据证明持有证据的一方当事人无正当理由拒不提供， 如果对方当事人主张该证据的内容

不利于证据持有人，可以推定该主张成立”。

2010年7月1日施行的《侵权责任法》对医疗诉讼中的证明妨碍行为进行了规范。《侵权责任法》第五十八条规定：“患者有损害，因下列情形之一的，推定医疗机构有过错：（一）违反法律、行政法规、规章以及其他有关诊疗规范的规定；（二）隐匿或者拒绝提供与纠纷有关的病历资料；（三）伪造、篡改或者销毁病历资料。”

2002年施行的《医疗事故处理条例》（以下简称《条例》）第一次特别就医疗诉讼中的证明妨碍进行了规定，也提出了一些医疗损害争议发生后将证据加以保存的措施和程序。《条例》第十六条规定：“发生医疗事故争议时，死亡病例讨论记录、疑难病例讨论记录、上级医师查房记录、会诊意见、病程记录应当在医患双方在场的情况下封存和启封。封存的病历资料可以是复印件，由医疗机构保管。”第十七条规定：“疑似输液、输血、注射、药物等引起不良后果的，医患双方应当共同对现场实物进行封存和启封，封存的现场实物由医疗机构保管。”第十八条规定，“患者死亡，医患双方当事人不能确定死因或者对死因有异议的，应当在患者死亡后48小时内进行尸检；具备尸体冻存条件的，可以延长至7日”。

## 二、医疗纠纷证明妨碍立法中的问题

首先，我国在民事诉讼法上对于证明妨碍的制裁，是源于公法上的制裁，手段包括罚款、拘留和刑事处罚等。这样的制裁方式，仅仅是出于考虑到证明妨碍的行为影响了司法权的行使，破坏了诉讼秩序。但是，证明妨碍的行为，不仅仅是对公权力的破坏，更为严重的是，这种行为是对对方当事人诉讼权利的损害，使双方诉讼之公平被打破，所以在立法时，不仅应当在公法的角度通过制裁达到预防和惩罚证明妨碍的行为，同时还应当从私法的角度，考虑到如何保护被妨碍一方当事人的诉讼利益。这也是在美国法中，证明妨碍制度的首要目标即对于私权利的救济。怎样使被妨碍一方当事人的诉讼权利恢复到与没有妨碍之前一样的状态，我国的立法也可以参考美国法的经验。在综合考虑妨碍者的主观动机和妨碍行为的破坏程度之后，给予妨碍者以不利益的制裁。

其次，在我国《审改规定》和《证据规定》中，没有对证明妨碍的形态进行很明确的规定，仅仅规定了“无正当理由拒不提交证据”。而没有对毁损、隐匿、伪造证据等手段进行详细规定。同时，何为“正当理由”本身就是一个模糊的概念。

再次，在《侵权责任法》中，虽然对于证明妨碍的种类进行了详细的划分，但是仅限于对病历资料这一证据的规定，通过前文的介绍，在医疗纠纷中证据的种类有很多，大多证据对于医疗纠纷案件都有不可替代性以及关键性的作用，除了病历之外，其他的证据对于法官了解案件的真相也有与病历资料同等的作用，但是在《侵权责任法》的规定中，仅对于病历资料有特殊的规定。同时，在《侵权责任法》的规定中，也是以隐匿、毁损或伪造等故意手段为证明妨碍的主要行为方式，但是并没有对过失导致的医疗纠纷中的证明妨碍作任何规定。

最后，综观与医疗纠纷中证明妨碍的法律、法规，所看到的惩罚措施仅限于公法上的惩罚和《侵权责任法》中推定医疗机构有过错。这样的救济和惩罚措施，相对于证明妨碍对于被妨碍一方造成的损失，相对比较单一，同时相对于由证明妨碍行为带来的诉讼上的利益来说，被妨碍一方的救济手段和对于妨碍一方的惩罚措施都显得过于单薄。

### 三、对医疗纠纷中证明妨碍的立法建议

针对我国医疗纠纷中证明妨碍的特点，笔者认为，可以通过以下几点完善我国医疗纠纷中证明妨碍的立法。

首先，要完善证明妨碍的制度。我国现有的法律没有对于证明妨碍制度的完整规定，所以，现有的关于证明妨碍的立法无法达到救济被妨碍当事人、制裁妨碍者与预防证明妨碍的目的。所以，笔者认为，应当先在法律中明确规定对于证据完整保护的义务，无论是诉讼前还是诉讼中。在对保存证据的义务作出规定之后，还应该完善证明妨碍的主观形态，对于故意和过失导致的证明妨碍进行区分。然后根据主观形态和妨碍行为对于诉讼的影响程度采取不同的处

罚措施，除了在公法层面上的处罚和罚金之外，还要再加入证明妨碍行为对于法官判定案件的影响。像美国，法官可以直接由于证明妨碍行为，判定一方败诉，或者排除妨碍者证据的提出。

其次，在完善了证明妨碍的基本制度之后，还要针对医疗纠纷中证据偏在的特点健全对于证据的保全制度，特别是诉前的证据保全制度。由于在医疗纠纷中，证据主要被医疗机构所掌握，而这些证据的重要程度都足以影响到诉讼最终的结果，所以诉讼前的证据保全对于患者赢得诉讼至关重要。

最后，由于医疗纠纷中医疗机构和医生具有极强的专业性的特点，患者即使可以收集到证据，但是也无从得知不同证据的不同重要性。所以，笔者认为，我国可以借鉴国外强制诉讼代理的经验，将医疗纠纷这种具有极强专业性的案件，交由专业的律师代理，从而避免医患双方由于知识的不对称导致患者一方无法收集到有用的证据，输掉诉讼。

# 结语

建立科学的、替代性纠纷解决机制，完善与医患纠纷相关的民事诉讼制度，是构建或者实现和谐医患关系的重要举措，也是实现和谐医患关系的重要的法治化路径。但必须注意的是，和谐医患关系实现的法治化路径不可能单纯地依靠医患纠纷解决机制的完善，或者说医患纠纷解决机制的完善仅仅是解决医患关系问题的系统举措之一，是其中的一个重要环节。系统地改善医患关系的举措，更多地依赖国家医疗机构的综合改革。这些改革应当涉及医疗机构及其医护人员的功能定位、医疗机构的分级治疗、医疗机构的诊疗与医疗产品供给之间的适当的分立等内容。医疗机构的功能定位中必须正确协调医疗机构的营利性与公共服务性，或者说与医疗机构的救死扶伤的使命之间的关系。国家必须加大对承担公共服务职能的医疗机构的经费投入，并以这样的经费投入鼓励医疗机构承担更多的公共服务职能，承担更多的社会责任。为此，这样的医疗机构可以以低廉的收费为患者提供服务，可以在患者没有缴纳或者无力缴纳费用的情况下，接受医疗机构的服务。在这样的医疗机构中，医护人员的福利、薪水与诊疗的患者人数与开具的处方涉及的金额之间没有直接的联系，并有单独的考评机制。当然，必须允许公共医疗机构之外的营利性医疗机构的存在，与公共医疗机构不同，营利性医疗机构的主要目的在于其营利性，在收费上许可采取不同于公共医疗机构的收费和考评方法。不过，营利性医疗机构与一般的营利性商业组织仍然有较大的不同，其更多地涉及患者的生命健康，因此，即使对于营利性的、私营的医疗机构，国家也必须加强对其的管理。这些管理应当包括资格审查、条件、环境等的检测，还包括对其发生医疗事故的处理以及处理信息的公开等内容。在分级治疗方面，是否可以探索患者转院治疗的审查制，即规定患者如果想到级别较高的医疗机构就诊，必须经过初级医疗机构的诊疗，并在初级医疗机构开具证明的情况下，才能接受高级别的医疗机构的诊疗。当然，可以具有患者认为不能按程序进行的例外情形，并因之可以跳跃性地进入高级别的医疗机构。

遗憾的是，实现和谐医患关系法治化的、较为宏观的举措不是本书重点研究的内容，也超出了笔者的研究能力和研究视野。幸运的是，本论题仍然得到了山东省法学会的大力支持，并以“和谐医患关系实现的法治化路径研究”为题列为山东省法学会的重点课题。课题研究的过程中得到了课题主持人所在单位山东财经大学的资料支持、办公条件的支持，同时得到了山东省法学会的大力支持。课题研究的过程中，课题主持人所在的律师事务所——山东博翰源律师事务所给予了研究上的支持，并派律师事务所的季猛副主任与黄利群律师参与到课题的研究中来。在后期她们又亲自参加了本书的撰写，是课题完成以及本书之完成的生力军。经过我们的艰苦努力，本论题作为山东省法学会的重点课题已经顺利结项，并被鉴定为优秀等级。尽管如此，论题的研究还可能有这样或者那样的不足，有这样或者那样的没有解决的问题。当然，本书的目的仅仅是研究医患纠纷解决机制，不可能提供系统的问题解决方案，同时，本书以及本课题研究的另一目的是希望更多的同人关注该问题、研究该问题，以实现抛砖引玉之效果。从这样的意义上看，本书以及本课题已经达到了上述目的。不过，我们一定会就课题中没有完成的任务进行进一步的研究，也希望更多的同人为我们指出研究中的问题。

最后，感谢中国人民公安大学出版社的责任编辑白玉生主任为本书出版所做的艰苦的工作，其于百忙之中，协助我们处理了著作的编排、封面的设计以及文字的校对工作。当然，著作中还可能有这样或者那样的文字问题，这些问题仍然由本书的著者负责。

# 主要参考文献

## 一、论 文

### （一）中文论文

1. 伍德志：《论医患纠纷中的法律与信任》，载《法学家》2013年第5期。

2. 侯怀霞：《医患纠纷的“多发”与“激化”原因二元论》，载《苏州大学学报》（哲学社会科学版）2015年第2期。

3. 宋旭日：《岳阳市医疗纠纷调研报告》，湖南大学2011年度博士论文。

4. 常健、殷向杰：《近十五年来国内医患纠纷及其化解研究》，载《天津师范大学学报》（社会科学版）2014年第2期。

5. 洪英：《日本医疗纠纷诉讼外解决机制的发展趋势》，载《中国司法》2013年第4期。

6. 李海军、王番宁：《国外医疗机构医疗纠纷防范与解决机制对我国的启示》，载《经济与管理》2012年第3期。

7. 徐喜荣：《日本医师会医师责任保险制度及其启示》，载《中国卫生事业管理》2013年第11期。

8. 邓建鹏：《清代州县讼案的裁判方式研究》，载http://www.civil law.com.cn/article/default.asp? id=348330，访问时间：2010年10月15日。

9. 林智仁、陈强：《调解员由医患双方自己挑》，载《中国青年报》2013年4月8日第5版。

10. 徐忠明：《小事闹大与大事化小：解读一份清代民事调解的法庭记录》，载《法制与社会发展》2004年第6期。

11. 吴丹红：《恢复性司法初探》，载陈光中、江伟主编：《诉讼法论丛》，法律出版社2004年版。

12. 季卫东：《中国法文化的蜕变与内在矛盾》，载米健主编：《比较法学文萃》，法律出版社2002年版。

13. 郑世保：《民事判决执行难的原因分析》，载《郑州轻工业学院学报》（社会科学版）2012年第3期。

14. 李浩：《民事诉讼中当事人的自我责任》，载《法学研究》2010年第3期。

15. [日]长谷部由纪子：《民事司法改革：接近司法·成本·效率——日本的视角》，载[英]阿德里安 A.S.朱克曼主编：《危机中的民事司法》，傅郁林等译，中国政法大学出版社2005年版。

16. [美]理查德 L. 马库斯：《诉讼超级大国的恐慌》，载[英]阿德里安 A.S.朱克曼主编：《危机中的民事司法》，傅郁林等译，中国政法大学出版社2005年版。

17. [英]保罗·米凯利克：《英格兰和威尔士的司法危机》，载[英]阿德里安 A.S.朱克曼主编：《危机中的民事司法》，傅郁林等译，中国政法大学出版社2005年版。

18. 江茹、沈爱玲：《构建我国医疗纠纷仲裁制度的探讨》，载《南京中医药大学学报》（社会科学版）2011年第4期。

19. 郭玉军、杜立：《医疗事故损害赔偿仲裁若干问题研究》，载《法学评论》2010年第2期。

20. 戴元光、韩瑞霞：《我国当前医患关系的现状、问题及原因》，载《新闻记者》2012年第4期。

21. 萨利·法尔克·穆尔：《法律与社会的变迁：以半自治社会作为适切的研究主题》，载郑永流主编：《法哲学与法社会学论丛》（7），中国政法大学出版社2005年版。

22. 余承文：《医疗纠纷的可仲裁性研究》，载《南京医科大学学报》（社会科学版）2007年第1期。

23. 赵新河：《构建仲裁制度是公正高效处理医患纠纷的必然选择》，载《中州学刊》2005年第6期。

24. 王炤、戴斌：《论医疗纠纷仲裁制度的构建》，载《安徽工业大学学报》（社会科学版）2010年第6期。

25. 马占军：《我国医疗纠纷仲裁解决机制构建研究》，载《河北法学》2011年第8期。

26. 盛皓：《当前医患纠纷的特点、难点及趋势分析》，载《南京医科大学学报》（社会科学版）2003年第2期。

27. 齐树洁、蔡从燕：《非诉讼纠纷解决方式——ADR 制度述评》，载中国律师网，http :// www 2 .acla .org .cn/ two/ scrap .php ? subject two –id =10 &id =843。

28. 刘晓红：《构建中国本土化ADR 制度的思考》，载《河北法学》2007年第2期。

29. [美]克丽斯蒂娜·沃波鲁格，《替代诉讼的纠纷解决方式（ADR）》，载《河北法学》1998年第1期。

30. [英]阿德里安 A.S.朱克曼：《危机中的司法/正义：民事程序的比较维度》，载[英]阿德里安 A.S.朱克曼主编：《危机中的民事司法》，傅郁林等译，中国政法大学出版社2005年版。

31. 徐正东：《我国医疗纠纷举证责任分配制度演变及其述评》，载《四川警察学院学报》2011年第3期。

32. 洪冬英：《论医疗侵权诉讼证明责任》，载《政治与法律》2012年第11期。

33. 王国征：《医疗侵权证明责任的价值取向——兼评我国〈侵权责任法（草案）〉（二次审议稿）第58条》，载《政法论丛》2009年第5期。

34. 周翠：《〈侵权责任法〉体系下证明责任与减轻规范与德国法的比较》，载《中外法学》2010年第5期。

35. 郑雪倩：《论医疗侵权中的相关问题》，载《中国医院》2005年第4期。

36. 胡学军：《解读无人领会的语言——医疗侵权诉讼举证责任分配规则评析》，载《法律科学》2011年第3期。

37. 周迅：《人民法院在社会管理中的责任担当与路径选择》，载http://www.njxwfy.gov.cn/www/xwfy/fydt8_mb_a3912111836215.htm，访问时间：2015年3月11日。

38. 乔森旺、李金锁：《我国司法鉴定现状分析及完善管理机制的建议》，载《中国司法鉴定》2009年第2期。

39. 丁中原：《医疗过失诉讼之研究》，台湾大学法律研究所1991年硕士论文。

40. 张继峰、戴宁、雷雨云："医疗纠纷"技术鉴定浅析，载《中国司法鉴定》2007年第3期。

41. 周大林：《医疗纠纷案件鉴定二元化现象的思考与对策》，载《中国司法鉴定》2008年第3期。

42. 夏文涛、程亦斌、金纪文、邹合强：《医疗纠纷司法鉴定的程序设计》，载《中国司法鉴定》2008年第5期。

43. [澳大利亚]斯贝格尔曼：《人权、法治与判决书的推理》，载《人民法院报》2003年11月24日。

44. 霍先丹：《论司法鉴定体制改革的实践与探索》，载《中国司法鉴定》2007年第1期。

45. 张军：《我国司法鉴定制度的改革与完善》，载《中国司法鉴定》2008年第2期。

46. 洛永家：《证明妨碍》，载《月旦法学杂志》2001年第2卷。

47. 李浩：《论法律中的真实——以民事诉讼为例》，载《法制与社会发展》2004年第3期。

48. 沈冠伶：《证明妨碍法理在医疗民事责任诉讼之适用》，载《法学论丛》2009年第3期。

49. 陈小娥、李大平：《论医疗诉讼中的证明妨碍》，载《证据科学》2010年第4期。

（二）外文论文

1. Marcus Neito. Overview of Arbitration in California Managed Health Care Plans， California Research Bureau. CRB .Note.Vol.4. No.5.

2. H.L.HO. The Legitimacy of Medieval Proof. Journal of Law and Religion. Vol.9.

3. Donald J. Wright. Medical Malpractice and Physician Liability under Negligence Rule. International Review of Law and Economics. Vol.31 No.3. 2011.

4. Akihito Hagihara， Minako Nishi and Koichi Nobutomo. Standard of Care and Liability in Medical Malpractice Litigation in Japan. Health Policy. Vol.65. No.2.2003.

5. Yu Chan-chiu. What Drives Patients to Sue Doctors? The Role of Cultural Factors in the Pursuit of Malpractice in Tai -wan. Social Science & Medicine. Vol. 71. No.4. 2010.

6. Jona Goldchmidat， David Olson & Margaret Ekman. The Relationship Between Method of Judicial Selection an d Judicial Misconduct. Winder Law Journal. Vol.18. 2009.

7. Dana A.Remus. The Institutional Politics of Federal Judicial Conduct Regulation. Yale Law & Policy Review. 2012.Vol.31.

8. Nuno Garoupa & Tom Ginsburg. The Comparative Law and Economics of Judicial Councils. Berkeley Journal of International Law. 2009.Vol.27.No.1.

## 二、著 作

1. 江伟主编：《民事诉讼法》（第6版），中国人民大学出版社2013年版。

2. [英]罗杰·科特威尔著：《法律社会学导论》，潘大松等译，华夏出版社1989年版。

3. 柴发邦主编：《体制改革与完善诉讼制度》，中国人民公安大学出版社1991年版。

4. [德]汉斯-约阿希姆·穆泽拉克：《德国民事诉讼法基础教程》，周翠译，中国政法大学出版社2005年版。

5. [日]青山善充、伊藤真编：《民事诉讼法的争点》，有斐阁1998年版。

6. 沈大明著：《大清律例与清代的社会控制》，上海人民出版社2007年版。

7. 梁志平著：《法律的文化解释》，生活·读书·新知三联书店1998年版。

8. 李龙著：《民事诉讼标的理论研究》，法律出版社2001年版。

9. 范忠信、郑定、詹学农著：《情理法与中国人》，中国人民大学出版社1992年版。

10. [美]史蒂文·苏本、玛格丽特著：《美国民事诉讼的真谛》，蔡彦敏等译，法律出版社2002年版。

11. 陈刚著：《证明责任法研究》，中国人民大学出版社2002年版。

12. 龚赛红著：《医疗损害赔偿责任法研究》，法律出版社2001年版。

13. [德]奥特马·尧厄希尼著：《民事诉讼法》（第27版），周翠译，法律出版社2003年版。

14. 王亚新：《对抗与判定：日本民事诉讼的基本结构》，清华大学出版社2002年版。

15. [日]高桥宏志著：《重点讲义民事诉讼法》，史可译，法律出版社

2007年版。

16. [日]小林秀之著：《新证据法》，弘文堂1998年版。

17. 王利明著：《侵权行为法研究》，中国人民大学出版社2004年版。

18. 沈冠伶著：《民事程序法之新变革》，新学林出版股份有限公司2009年版。

19. 毕玉谦著：《民事诉讼证明妨碍研究》，北京大学出版社2010年版。